Helene Brandstätter • Dagmar Leitner

Kochen mit Resten

Schmackhaft. Sparsam. Nachhaltig.

Leopold Stocker Verlag
Graz – Stuttgart

Umschlaggestaltung: Werbeagentur Rypka GmbH, 8143 Dobl/Graz, www.rypka.at

Umschlagfoto Vorderseite: Mona Lorenz
Umschlagfotos Rückseite: Andrea Jungwirth (Mitte), Günter Hauer (r. u. l.)
Rezepte: Kochen & Küche (S. 12 o., 16 o., 18 o., 20 o., 22 o., 30 o., 32 u., 38 u., 43 o., 44 u., 46 o.,
48 o., 49 o., 54 o., 56 o., 68 u., 70, 72 o., 76 u., 78 o., 80, 82, 83, 88 u., 90 o., 92, 94 o., 96, 98 o.,
108 o., 110 o., 112 o., 114 o., 116 u., 124 o., 130, 132 o., 134, 136, 140)
Alle übrigen Rezepte stammen von den Autorinnen.

Rezeptfotos: Günter Hauer (S. 17, 19, 21, 47, 71, 83, 135)
Werner Krug (S. 39)
Mona Lorenz (S. 1, 8, 10, 77, 79, 87 u., 91, 93, 97, 99, 109, 113, 115, 125, 131, 133, 137, 141)
Andrej Sheldunov (S. 81, 82)
Alle übrigen Rezeptfotos: Andrea Jungwirth

Produktfotos: iStock (S. 7, 51, 75, 87, 101, 119 sowie die Reste-Symbole)
manwalk/pixelio.de (S. 11)
Klaus Brüheim/pixelio.de (S. 37)
Archiv Kochen & Küche: (S. 9)

Bibliografische Information der Deutschen Nationalbibliothek
Die Deutsche Nationalbibliothek verzeichnet diese Publikation in der Deutschen National-
bibliografie; detaillierte bibliografische Daten sind im Internet unter http://dnb.d-nb.de abrufbar.

Hinweis: Dieses Buch wurde auf chlorfrei gebleichtem Papier gedruckt. Die zum Schutz vor Ver-
schmutzung verwendete Einschweißfolie ist aus Polyethylen chlor- und schwefelfrei hergestellt.
Diese umweltfreundliche Folie verhält sich grundwasserneutral, ist voll recyclingfähig und
verbrennt in Müllverbrennungsanlagen völlig ungiftig.

Auf Wunsch senden wir Ihnen gerne kostenlos unser Verlagsverzeichnis zu:
Leopold Stocker Verlag GmbH
Hofgasse 5 / Postfach 438, A-8011 Graz
Tel.: +43 (0)316/82 16 36, Fax: +43 (0)316/83 56 12
E-Mail: stocker-verlag@stocker-verlag.com
www.stocker-verlag.com

ISBN 978-3-7020-1473-5

Layout und Repro: Werbeagentur Rypka GmbH, 8143 Dobl/Graz
Druck und Bindung: Druckerei Theiss GmbH, 9431 St. Stefan i. Lavanttal

Inhalt

Reste-Register

Auf den angegebenen Seiten finden Sie Rezepte mit folgenden Reste-Zutaten

 Brotreste: S. 12, 15, 34, 42, 52, 68, 96, 102, 122

 Eireste (gekochte Eier und Eiklar): S. 20, 26, 102, 104, 106, 110, 116, 121

 Fischreste: S. 15, 24, 27, 28, 30, 32, 56

 Fleischreste: S. 12, 14, 15, 16, 18, 20, 22, 24, 26

 Gemüsereste: S. 14, 16, 18, 24, 26, 27, 28, 30, 32, 34, 40, 42, 43, 44, 46, 48, 49, 52, 54, 56, 58, 60, 62, 64, 65, 66, 68, 70, 72, 78, 81, 83, 88, 92, 94, 96, 96, 106, 110, 111, 112, 142

 Getreidereste und Hülsenfrüchte: S. 90, 92, 94, 96, 98

 Käsereste: S. 15, 24, 30, 42, 46, 48, 52, 56, 58, 60, 65, 68, 72, 80, 81, 83, 92, 94, 96, 98, 102, 104, 108, 110, 111, 112, 114

 Milchreste: S. 12, 20, 27, 28, 38, 43, 64, 66, 72, 76, 92, 102, 104, 106, 108, 116, 121

 Nudelreste: S. 48, 76, 78, 80, 81, 82, 83, 84

 Obstreste: S. 65, 66, 70, 72, 88, 120, 122, 124, 126, 128, 140

 Reisreste: S. 88, 90, 92, 94, 98

 Schololadereste: S. 121, 126, 130, 134

 Süße Reste (Kuchen, Biskuit, Kekse ...): S. 121, 128, 130, 132, 134, 136

 Wurst-, Speck- und Schinkenreste: S. 24, 32, 34, 38, 40, 42, 43, 44, 46, 48, 49, 56, 65, 68, 72, 78, 80, 82, 90, 102, 104, 112

Begriffserklärung

österreichisch – deutsch

Brösel: Krümel
Eidotter: Eigelb
Eierschwammerln: Pfifferlinge
Eiklar: Eiweiß
Erdäpfel: Kartoffeln
Faschiertes: Hackfleisch
Fisolen: grüne Bohnen
Frankfurter Würstel: Wiener Würstchen
Germ: Hefe
Geselchtes: Geräuchertes
Hendl: Hühnchen

Kipferl: Hörnchen
Knödel: Klöße
Kokosette: Kokosflocken
Kraut: Kohl
Kren: Meerrettich
Maizena: Maisstärke
Marillen: Aprikosen
Most: Apfelwein
Obers: Sahne
Paradeiser: Tomaten
Polenta: Maisgrieß
Porree: Lauch
QimiQ: Sahne-Gelatine-Mi-

schung, s. www.qimiq.com
Ribiseln: Johannisbeeren
Rollgerste: Graupen
Rote Rüben: Rote Bete
Sauerrahm: saure Sahne
Semmel: Brötchen
Semmelbrösel: Paniermehl
Staubzucker: Puderzucker
Topfen: Quark
Weckerl: Gebäckstück in runder oder länglicher Form
Zwetschken: Pflaumen

Vorwort

In unserer Familie war die Wertschätzung bäuerlicher Rohstoffe und Produkte sowie von Lebensmitteln generell stets hoch. Für uns ist es nicht vertretbar, Lebensmittel wegzuwerfen, Verschwendung hat in unserem Haushalt keinen Platz.

Durchschnittlich werden heute in Oberösterreich pro Haushalt und Jahr Lebensmittel im Wert von € 300,– weggeworfen, viele davon, obwohl sie noch essbar wären. Diese Verschwendung und die geringe Wertschätzung von Lebensmitteln hat mich angespornt, Rezepte zusammenzutragen, die Lebensmittelresten eine neue Wertigkeit geben. Viele der Rezepte sind alte Familienrezepte, die bereits die Mutter meines Mannes gekocht hat, andere haben ich und auch meine Tochter im Laufe der Zeit gesammelt und ausprobiert, ein Teil der Rezepte stammt aus der Zeitschrift „Kochen & Küche". Besonders wichtig war uns, realistische Portionsangaben zu machen. Da es sich ja wie gesagt um Reste handelt, sind die vorhandenen Mengen meist niedrig – wann bleiben schon 500 g oder mehr von einem Braten übrig? Deshalb sind viele Gerichte aufgrund der Restemengen für eine oder zwei Portionen ausgelegt.

Kochen mit Resten ist trendig, zeitgeistig, unsere Rezepte sind meist schnell und unkompliziert zuzubereiten. Reste sind fast immer verfügbar und kostengünstig. Unsere Restl-Gerichte sind preiswert, gesund, abwechslungsreich und helfen, Geld zu sparen! Der Verzicht auf Fertigprodukte ist bei uns eine wichtige Grundhaltung beim Kochen, dies soll sich auch in diesen Rezepten widerspiegeln. Alle Rezepte sind so beschrieben, wie wir sie kochen, es kann jedoch sein, dass je nach Backofen mehr oder weniger Temperatur bzw. etwas mehr oder weniger Garzeit nötig ist.

Die Kombination von Resten mit frischen Zutaten und Kräutern macht die Gerichte schmackhaft und bunt. Die angegebenen Rezepte verstehen wir als Anregungen für Sie – experimentieren Sie, tauschen Sie die Reste-Zutaten je nach Verfügbarkeit aus. Variieren Sie Gewürze und Zutaten je nach Geschmack, seien Sie kreativ!

Oberösterreich, August 2014
Helene Brandstätter und Dagmar Leitner

Einleitung

Das vorliegende Restekochbuch ist gegliedert in die Kapitel Fleisch & Fisch, Wurst, Schinken & Speck, Gemüse & Erdäpfel, Nudeln, Reis, Getreide- & Hülsenfrüchte, Milchprodukte, Käsereste & Eier, Obst sowie süße Reste (z. B. Biskuit oder Schokolade).

Schließlich geben wir im Kapitel Einkochen noch ein paar Tipps, wie man den Überfluss an Obst und Gemüse im Sommer und im Herbst haltbar machen kann und so vermeidet, dass die großen Mengen, die gleichzeitig anfallen, verderben. Brotreste wurden in diesem Buch nicht in einem eigenen Kapitel behandelt. Hier sei auf das Buch „Kochen mit Brotresten" von Helene Brandstätter (**www.stocker-verlag.com**) verwiesen. Sie finden dort viele köstliche Rezepte für übrig gebliebenes Brot und Gebäck. Als Einleitung zu jedem Kapitel wurden Wissenswertes über die jeweiligen Lebensmittel, Tipps, Tricks und persönliche Erfahrungen zusammengetragen. Wir haben den verschiedenen Resten Symbole zugeordnet, jedes einzelne Rezept ist mit diesen Symbolen versehen. Denn abgesehen von den Resten des betreffenden Kapitels (z. B. Gemüsereste) sind zusätzlich oft weitere Reste (z. B. Milchprodukte, Wurstreste ...) in den Zutaten zu finden.

Tipps
für den Einkauf

Schon beim Einkauf kann man verhindern, dass Reste anfallen oder Nahrungsmittel verderben. Wenn Sie die folgenden Richtlinien beherzigen, schonen Sie Ihre Brieftasche und vermeiden unnötige Verschwendung von Lebensmitteln.

- Einkaufsliste schreiben
- nicht hungrig einkaufen gehen
- am besten einen Wochenspeiseplan erstellen und gezielt einkaufen
- Vorräte anlegen: Grundnahrungsmittel wie Erdäpfel, Reis, Mehl, Nudeln, Gewürze und so weiter sollten jederzeit zur Verfügung stehen

- Angebote mit Köpfchen nutzen: Großpackungen bringen keine Ersparnis, wenn man dann die Hälfte wegwirft; unbedingt vor dem Einkauf überlegen, ob man alle Lebensmittel, die man kaufen will, rechtzeitig verbrauchen kann oder überlegen, ob man die Ware haltbar machen oder einfrieren kann
- bereits beim Einkaufen auf das Mindesthaltbarkeitsdatum achten; Lebensmittel am Ende der Haltbarkeitsdauer nur dann einkaufen, wenn sie rasch Verwendung finden
- saisonal einkaufen – saisonal angebotene Obst- und Gemüsesorten sind meist nicht nur geschmacklich besser und voller wertvoller Vitamine und Nährstoffe, sondern auch billiger; viele Obst- und Gemüsesorten kann man gut einfrieren, einkochen oder trocknen

Tipps
für zeitgerechten Verbrauch und Lagerung

Das **Mindesthaltbarkeitsdatum** gibt an, bis wann Lebensmittel bei entsprechender Lagerung ihre spezifischen Eigenschaften behalten. Nach Ablauf dieses Datums sind Lebensmittel nicht automatisch verdorben, sondern meist noch gut verwendbar. Jedenfalls lohnt es sich, vor der Verwendung auch bereits abgelaufene Lebensmittel „sinnvoll" zu prüfen: sehen, riechen, schmecken, tasten!

Im Gegensatz dazu ist das **Verbrauchsdatum** das Datum, zu dem leicht verderbliche Lebensmittel wie Faschiertes, rohe Wurst oder Milch verbraucht werden sollen. Lebensmittel, die mit einem Verbrauchsdatum („zu verbrauchen bis") versehen sind, dürfen nach diesem Datum nicht mehr verkauft werden. Ob sie dann noch verwendbar sind, ist in jedem Fall mit den oben erwähnten Sinnen zu prüfen.

Bei temperatursensiblen Lebensmitteln wie Fleisch, Fisch, Milchprodukten, teilweise Obst und Gemüse sowie generell gekühlten und tiefgekühlten Lebensmitteln sollte die **Kühlkette** nicht unterbrochen werden, weiters sind die jeweiligen **Lagertemperaturen** zu beachten.

Viele Lebensmittel kann man **tiefkühlen**. Dabei sind einige Regeln zu beachten:
• sorgfältig beschriften (Inhalt, Menge, Einfrierdatum)
• kleine, flache Einheiten tiefkühlen (diese frieren schneller durch als große)
• regelmäßig in die Tiefkühltruhe schauen und „Inventur" machen, damit nichts übersehen wird

Für die **Vorratshaltung** von länger haltbaren Grundlebensmitteln wie Mehl, Nudeln, Linsen usw. empfiehlt es sich, zum Schutz vor Schädlingen wie Lebensmittelmotten gut verschließbare Behälter zu verwenden und auf trockene, dunkle Lagerung zu achten.

Fleisch- & Fischreste

Restl-Toast mit Spiegelei S. 12

Foto: manwalk/pixelio.de

Fleisch und Fisch sind leicht verderbliche Lebensmittel und sollten grundsätzlich im Kühlschrank aufbewahrt werden. Fleisch oder Fische, die bereits tiefgekühlt waren, sollten nicht nochmals tiefgekühlt werden. Deshalb bereits aufgetaute Ware zubereiten und die gekochten oder gebratenen Reste weiterverwerten. In diesem Buch finden Sie zahlreiche Rezepte dafür.

Immer wieder bleibt **gekochtes, gegrilltes oder gebratenes Fleisch** übrig. Vor allem nach Feiertagen, zu denen oft große Braten aufgetischt werden, gibt es viele Fleischreste, die gut zu neuen Gerichten verkocht werden können. Auch gegartes Fleisch sollte so bald wie möglich verwendet werden, obwohl es sich im Kühlschrank 3–5 Tage hält. Größere Mengen übrig gebliebenes Fleisch können geschnitten oder faschiert tiefgekühlt aufbewahrt und später als Fülle für Hascheeknödel oder Fleischstrudel verwendet werden. Kleinere Mengen werten zum Beispiel Gemüse- oder Erdäpfelsuppe auf oder finden in einem köstlichen, selbst gemachten Kebab Verwendung. Der Klassiker in der Fleischreste-Verwertung ist das G'röstl. Dafür wird übrig gebliebenes Fleisch mit klein geschnittenen Zwiebeln und gekochten, in Scheiben geschnittenen Erdäpfeln (oder auch mit anderen Sättigungsbeilagen wie Nudeln sowie klein geschnittenen Knödeln oder Reis) in wenig Öl angeröstet. Wenn nur für eine oder zwei Personen gekocht wird, können auch diese Sättigungsbeilagen Reste sein. Durch Zugabe von Gemüse, Kräutern und/oder Eiern lässt sich diese einfache Speise immer wieder neu abwandeln.

Reste von gebratenem Geflügel wie Hendl, Gans oder Ente kann man nach dem Erkalten gut und gründlich von den Knochen lösen, diese Fleischreste können ebenfalls auf vielerlei Weise verwertet werden.

Reste von gegarten ganzen Fischen werden am besten mit einem Löffel von den Gräten geschabt und zweimal durch einen Fleischwolf gedreht oder gecuttert.

Rohe Fleisch- und Fischreste fallen beim Auslösen oder Zuputzen von großen Fleischstücken oder beim Filetieren von Fischen an. Sie sind als Grundlagen für Suppen, Fonds und Saucen nicht wegzudenken. Karkassen oder Fischabschnitte können ebenso wie rohe Fleischreste und Knochen weiterverarbeitet werden. Da die Herstellung von Fonds und Suppen relativ zeitintensiv ist, am besten gleich größere Mengen davon zubereiten. Dazu Knochen, Parüren, Sehnen etc. je nach Sorte tieffrieren, bis man eine größere Menge davon hat. Nach dem Abkühlen kann man Fonds bzw. Suppen portionsweise einfrieren.

Nach dem Kochen kann sogar das wenige auf den Knochen verbliebene Fleisch gut abgelöst werden. Faschiert oder fein gehackt ist es wiederum eine feine Reste-Zutat.

Restl-Toast mit Spiegelei

Zutaten für 2 Portionen
180 g Braten- oder andere Fleischreste (übrig gebliebenes Kotelett, Naturschnitzel ...) • ½ Zwiebel • 150 g Hartkäse • 2 EL Schnittlauchröllchen • Salz und Pfeffer • 1–2 EL Crème fraîche • ½ EL weiche Butter • ½ EL Estragonsenf • 2 große Schwarzbrotscheiben • 2 Eier • Öl zum Braten

Rezeptfoto
S. 10

1. Bratenreste in ganz kleine Würfel schneiden und in eine geeignete Schüssel geben.
2. Die Zwiebel schälen, fein schneiden und zugeben, geriebenen Käse und Schnittlauchröllchen untermischen und mit Salz und Pfeffer würzen.
3. Die Crème fraîche zugeben und das Ganze am besten mit einem Handmixer zu einer homogenen Masse verarbeiten.
4. Die zimmerwarme Butter und den Senf mit dem Mixer gut verrühren und die Schwarzbrotscheiben damit dünn bestreichen.
5. Die Fleisch-Käse-Crème-fraîche-Masse gleichmäßig darauf verteilen, die Brotscheiben auf ein mit Backpapier ausgelegtes Backblech legen und im vorgeheizten Backofen bei 180 °C ca. 10 Minuten backen.
6. In der Zwischenzeit etwas Öl in einer beschichteten Pfanne erhitzen und die Eier darin zu Spiegeleiern braten.
7. Die Toasts aus dem Ofen nehmen und mit je einem Spiegelei auf Tellern anrichten.

Rindfleisch mit Semmelkrenkruste

Zutaten für 2 Portionen
2 fertige Rindsschnitzel oder 2 Scheiben gekochten Tafelspitz • etwas Rindsuppe zum Untergießen • KRUSTE: 1 alte Semmel • 125 ml Rindsuppe • 5 EL Obers • frischer Kren nach Geschmack • 1 Ei

1. Für die Kruste die Semmel klein schneiden, in Suppe und Obers einweichen, 30 Minuten rasten lassen.
2. Dann den frisch geriebenen Kren und das Ei untermischen, eventuell salzen.
3. Die Schnitzel oder die Tafelspitzscheiben mit der Semmelkrenmasse bestreichen, mit etwas Suppe untergießen und bei 200 °C im Backofen 25 Minuten überbacken.

Rind-
fleisch mit
Semmelkren-
kruste

Fleischknödel „Hubertus"

Zutaten für 1–2 Portionen

250 g gekochtes Wildfleisch (z. B. ausgelöstes Fleisch von Hals oder Rippen, die zur Herstellung von Fond oder Suppe gekocht wurden) • 1 gekochte Karotte • 1 Ei • 2 EL Mehl • Salz und Pfeffer • Majoran • 4 EL Semmelbrösel • 1 EL gehackte Kürbiskerne oder gehackte Walnüsse • Öl zum Backen

1. Das Wildfleisch und die Karotte fein hacken oder durch den Fleischwolf drehen, diese Masse mit Ei und Mehl vermischen, nach Geschmack würzen.
2. Aus der Masse kleine Knödel formen und diese im Semmelbrösel-Kürbiskern-Gemisch wälzen.
3. In heißem Fett goldgelb ausbacken und servieren (z. B. auf Blattsalat mit Blaukraut-Marinade, Rezept siehe S. 65).

Geflügelsülzchen auf Blattsalat

Zutaten für 2 Portionen

SÜLZCHEN: 180 g Hühner- oder Putenfleisch • 1 hart gekochtes Ei • 6 Blatt Gelatine • 1 große Karotte • 1 Stück Lauch • 250 ml Hühner- oder Gemüsesuppe • SALAT: ½ Eichblattsalat • 4 EL Balsamico-Essig • 2 EL Öl • Salz und Pfeffer • 1 Prise Zucker

1. Das Fleisch in mundgerechte Stücke teilen, das Ei schälen und in Scheiben schneiden, die Gelatine nach Packungsanweisung einweichen.
2. Die Karotte schälen, den Lauch putzen und waschen, beides in Scheiben bzw. Ringe schneiden, die Karottenstücke in der Suppe knackig kochen, kurz vor Ende der Garzeit den Lauch zufügen.
3. In die heiße Suppe die ausgedrückte Gelatine einrühren, zwei kleine Schüsseln (z. B. Kompottschüsseln) mit den Eischeiben und den Fleischstücken auslegen, etwas von der Suppe angießen, erstarren lassen, dann das Gemüse in den Schüsseln aufteilen und den Rest der Flüssigkeit darübergießen, die Sülzchen im Kühlschrank ca. 2 Stunden fest werden lassen.
4. Den Salat waschen und abtropfen lassen, die Zutaten für die Marinade gut verrühren, Salat marinieren und auf Tellern anrichten, darauf die Sülzchen stürzen.

Gebratene Knödel mit Fleisch oder Fisch & Ei

Zutaten für 1 große Portion
150 g Knödel • 2 EL Öl • 1 Zwiebel • 100 g Fleisch- oder Fischreste
• 1 Knoblauchzehe • 2 Eier • Salz und Pfeffer • 2 EL gehackte Petersilie

1. Die Knödel zuerst in ca. 1 cm dicke Scheiben, dann in Streifen schneiden, in einer Pfanne in heißem Öl die fein gehackte Zwiebel anrösten, die klein geschnittenen Fleisch- oder Fischreste mitbraten, die gepresste Knoblauchzehe sowie die Knödel-streifen dazugeben und alles gut vermengen.
2. Die verquirlten Eier zu den Knödeln geben und unter ständigem Rühren stocken lassen, mit Salz und Pfeffer würzen und mit Petersilie bestreut servieren.

Tipp: Dieses Rezept kann ganz nach Belieben abgewandelt werden. Statt Knödelresten kann man auch Nudel-, Erdäpfel- oder Reisreste mit Fleisch- oder Fischresten abbraten.

Palatschinken-Fleisch-Auflauf

Zutaten für 3–4 Portionen
PALATSCHINKEN: 120 g Mehl • 250 ml gewässerte Milch • 1 Ei • Salz • Öl
FÜLLE: 200 g Braten- oder andere Fleischreste • 1 Zwiebel • 1 Knoblauchzehe
• 1 EL Öl • 250 ml Sauerrahm • Salz und Pfeffer • 100 g geriebener Käse

1. Mehl, Milch, Ei und Salz gut verrühren, den Teig 20 Minuten quellen lassen und danach in wenig Öl dünne Palatschinken backen.
2. Für die Fülle die Fleischreste klein schneiden, die Zwiebel fein hacken und mit der fein gehackten Knoblauchzehe in heißem Öl anbraten, die Bratenreste dazugeben und mitbraten.
3. Die Masse überkühlen lassen, dann mit Sauerrahm verrühren und abschmecken.
4. Die Palatschinken abwechselnd mit der Fülle in eine gefettete Auflaufform schich-ten (oder die Palatschinken einzeln füllen, zusammenrollen, in der Mitte halbieren und in die Auflaufform schichten).
5. Den Auflauf mit Käse bestreuen und bei 200 °C ca. 35 Minuten backen.

Bunter Rindfleisch-Schmortopf

Zutaten für 2–3 Portionen
200 g gekochtes Rindfleisch (z. B. Suppenfleisch) • 1 Zwiebel • 5 Erdäpfel (oder 3 Kohlrabi) • 2 Karotten • 100 g Zucchini • 1 EL Öl • Salz und Pfeffer • 200 ml Rindsuppe • 3 EL Sauerrahm zum Garnieren

1. Das Fleisch in mundgerechte Stücke schneiden, Zwiebel schälen und in Spalten schneiden, die Erdäpfel (oder Kohlrabi) und Karotten schälen und in Würfel schneiden, die Zucchini ebenfalls würfelig schneiden.
2. Zwiebeln in Öl glasig anbraten, Erdäpfel, Karotten und Kohlrabi zugeben, würzen und kurz durchrösten, mit Suppe aufgießen und kochen lassen, bis das Gemüse die gewünschte Konsistenz hat.
3. Die Fleischstücke sowie die Zucchiniwürfel zugeben, gut vermischen und für 10 Minuten in den auf 180 °C vorgeheizten Backofen geben.
4. Den Schmortopf aus dem Ofen nehmen, auf Tellern anrichten und mit Sauerrahm garnieren.

Sugo-Eier-Auflauf

Zutaten für 2–3 Portionen
1 Zucchino (oder anderes Gemüse) • 1 Zwiebel • eventuell 1 kleine Knoblauchzehe • 2 EL Olivenöl • Salz • 4 hart gekochte Eier • 200 g übrig gebliebenes oder auf Vorrat hergestelltes Fleischsugo • 1 Kugel Mozzarella • getrockneter Oregano oder frisches Basilikum

1. Den Zucchino in Scheiben hobeln, die Zwiebel in feine Streifen schneiden und mit der durchgepressten Knoblauchzehe leicht in 1 EL Olivenöl andünsten, dieses Gemisch mit den Zucchinischeiben vermengen, salzen und in eine befettete Auflaufform geben.
2. Darauf die geschälten und in Scheiben geschnittenen Eier verteilen.
3. Nun das Fleischsugo auf den Eiern verteilen, mit klein geschnittenem Mozzarella und Kräutern bestreuen.
4. Den Auflauf bei 200 °C ca. 40 Minuten überbacken und mit Weißbrot servieren.

Bunter
Rindfleisch-
Schmortopf

Restl-G'röstl mit Salat

Zutaten für 2 Portionen
4 Erdäpfel • 200 g Bratenreste • ½ kleine Zwiebel • 1 kleine Stange Lauch • 1 EL Butterschmalz • Kümmel • Majoran • 1 EL fein geschnittene Petersilie • SALAT: 2 Handvoll Salat • Essig • Walnussöl • Salz und Pfeffer

1. Die Erdäpfel kochen, in der Zwischenzeit die Bratenreste in Streifen schneiden, Zwiebel und Lauch in Ringe schneiden, in heißem Butterschmalz anschwitzen.
2. Gekochte und etwas abgekühlte Erdäpfel schälen, in Scheiben schneiden, diese sowie die Bratenreste zur Zwiebel-Lauch-Mischung geben, würzen, alles gut durchrösten.
3. Den Salat waschen, abtropfen lassen und in mundgerechte Stücke zupfen, mit der gut verrührten Marinade beträufeln, vor dem Servieren das G'röstl mit fein gehackter Petersilie bestreuen und mit dem Salat servieren.

Tipp: Der Klassiker der Resteverwertung sind G'röstl! Gerade zu Feiertagen, wenn für viele Leute gekocht wird und bevorzugt Schweins- oder Rindsbraten oder gebratene Gans zubereitet werden, bleibt meist etwas vom Braten übrig.

Schneller Fleischstrudel

Zutaten für 4–5 Portionen
200 g Braten- oder andere Fleischreste • ½ kleine Zwiebel • 1 EL Öl • ½ Knoblauchzehe • 150 g gedünstetes Mischgemüse • 2 Eier • Salz und Pfeffer • 1 P. Blätterteig oder Strudelteig

1. Die Fleischreste fein hacken oder faschieren, die Zwiebel klein schneiden und in Öl anbraten, den fein gehackten Knoblauch kurz mit braten, die Fleischreste dazugeben und ebenfalls kurz mit braten.
2. Das Gemüse untermischen, die Mischung vom Herd nehmen und überkühlen lassen, dann 1 Ei unterrühren und die Masse pikant abschmecken.
3. Nun den Teig nach Packungsanleitung auf einem Backblech ausbreiten und die Fülle in der Mitte verteilen. Den Teig einrollen, an den Enden gut verschließen, mit dem verschlagenen Ei bestreichen und bei 180 °C Umluft ca. 30 Minuten backen, mit Joghurtdip und Salzerdäpfeln oder Salat servieren.

Tipp: Der Strudel kann auch als Suppeneinlage in einer kräftigen Rindsuppe serviert werden.

Restl-
G'röstl mit
Salat

Naturreissalat mit Bratenresten

Zutaten für 3 Portionen

½ Tasse Naturreis • 1 Tasse Gemüsesuppe • etwas Salz • 2–3 EL Rosinen • *150 g Kalbsbraten- oder Geflügelreste* • 150 ml Sauerrahm • 1 Zwiebel • 100 g Mandelstifte • 1 EL fein geschnittene Petersilien- oder Korianderblätter • etwas Zitronensaft und Essiggurkensud • Salz und Pfeffer • Lauchstreifen zum Garnieren

1. Reis mit Gemüsesuppe und mit etwas Salz ca. 20 Minuten köcheln lassen, danach die Rosinen zugeben, beiseitestellen und abkühlen lassen.
2. Die Bratenreste in dünne Scheiben oder Streifen schneiden, Sauerrahm in einer Schüssel glatt rühren, Zwiebel schälen, fein schneiden und beigeben, Mandelstifte, Kräuter, Zitronensaft, Essiggurkensud und Reis untermischen, mit Salz und Pfeffer würzen und abschmecken.
3. Fleischreste mit dem marinierten Reis auf Tellern oder in Schüsseln anrichten (man kann die Fleischreste zuvor auch mit dem Reis vermischen), mit in Streifen geschnittenem Lauch garnieren.

Tipp: Falls auch gekochter Reis als Rest vorhanden ist, kann man natürlich diesen für den Salat verwenden.

Selchfleischaufstrich

Zutaten für ca. 400 g

100 g mageres gekochtes Selchfleisch • 1 große Essiggurke • 1 kleine Zwiebel • *1 hart gekochtes Ei* • ½ rote Paprikaschote • 250 g Topfen • *5 EL Sauerrahm* • 1 TL Senf • Salz und Pfeffer

1. Das Fleisch, die Gurke und die Zwiebel sehr fein schneiden und mit dem ebenfalls klein geschnittenen Ei und der von weißen Adern und Kernen befreiten, klein geschnittenen Paprikaschote vermischen.
2. Den Topfen und den Sauerrahm sowie den Senf unterrühren und mit Salz und Pfeffer abschmecken.

Natur-
reissalat
mit Braten-
resten

Fleischaufstrich mit Kürbiskernen

Zutaten für ca. 400 g
150 g Fleischreste (je nach Geschmack und Verfügbarkeit gebratenes, gekochtes oder geselchtes Fleisch) • 25 g geröstete Kürbiskerne • 1 Bund Schnittlauch • 200 g weicher Frischkäse (z. B. Philadelphia) • 4 EL Kürbiskernöl • 1 Prise Cayennepfeffer • 1 Prise Kümmelpulver • Salz und Pfeffer

1. Die Fleischreste fein schneiden und danach cuttern oder faschieren, zwei Drittel der Kürbiskerne grob hacken, den Schnittlauch fein schneiden.
2. Den Frischkäse mit dem Fleisch, den gehackten Kürbiskernen, dem Schnittlauch, 3 EL Kürbiskernöl und den Gewürzen mit dem Mixer gut vermengen.
3. Den Aufstrich abschmecken und mit dem restlichen Kürbiskernöl sowie den gerösteten Kürbiskernen garnieren und mit Schwarzbrot servieren.

Hascheeknödel

Zutaten für 4 Portionen
TEIG: 500 g gekochte Erdäpfel • 200 g Mehl • 3 EL Grieß • 1 Ei • ½ TL Salz • Muskatnuss • FÜLLE: 200 g Braten- und Selchfleischreste • 1 kleine Zwiebel • 1 EL Öl • 1 EL gehackte Petersilie • Salz und Pfeffer

1. Die Erdäpfel schälen, durch die Presse drücken und mit Mehl, Grieß, Ei, Salz und etwas geriebener Muskatnuss gut verkneten, den Teig zu einer Rolle formen.
2. Für die Fülle die faschierten Fleischreste und die klein geschnittene Zwiebel kurz in heißem Öl durchrösten, mit fein gehackter Petersilie sowie Salz und Pfeffer abschmecken.
3. Den Erdäpfelteig in Stücke schneiden, diese flach drücken und je einen Löffel Haschee daraufsetzen.
4. Den Teig um die Fülle schließen, die Knödel schön rund formen und in etwas Mehl wälzen, dann in kochendes Salzwasser einlegen und bei schwacher Hitze ca. 15 Minuten köcheln lassen.

Tipp: Dazu passt grüner Salat oder auch Sauerkraut.

Fleisch-
aufstrich mit
Kürbiskernen

Biskuitomelett mit Reste-Belag

Zutaten für 2 Portionen

OMELETT: 4 Eidotter • Salz • 4 Eiklar • 4 EL Mehl • Butterschmalz zum Ausbacken • BELAG: 150 g Reste nach persönlichem Belieben, z. B. würfelig geschnittene Selchfleisch- oder Bratenreste • würfelig geschnittene Fischreste • geriebener Käse (Emmentaler, Gouda, Tilsiter, Parmesan) • klein geschnittene Aufschnittreste, Schinken- oder Speckreste • in Zwiebel angeröstete, geschnittene Champignons oder Gemüse …

1. Für das Omelett Eidotter mit Salz sehr schaumig rühren, den steif geschlagenen Eischnee unterziehen und das Mehl vorsichtig einmengen.
2. In einer Pfanne Butterschmalz heiß werden lassen, die Hälfte des Teiges eingießen und etwas anbraten, dann die Hälfte der Reste darüberstreuen, das Omelett wenden und fertig braten (oder zusammenklappen und so fertig garen), das zweite Omelett ebenso zubereiten, dann auf Tellern anrichten und mit Brot und Salat servieren.

Panierte Palatschinken

Zutaten für 2–3 Portionen

PALATSCHINKENTEIG: 120 g Mehl • 250 ml gewässerte Milch • 1 Ei • Salz • etwas Öl • FÜLLE: 180 g Braten- oder andere Fleischreste • 1 Zwiebel • 1 Knoblauchzehe • 1 EL Öl • 2 Paradeiser • 1 TL getrocknete Kräuter • Salz und Pfeffer • PANIER: 1 Ei • etwas Milch • Brösel • Butterschmalz zum Ausbacken

1. Alle Zutaten für den Palatschinkenteig gut verrühren, den Teig 20 Minuten quellen lassen und danach in wenig heißem Öl dünne Palatschinken backen.
2. Für die Fülle die Fleischreste klein schneiden, die Zwiebel fein hacken und mit der fein gehackten Knoblauchzehe in Öl anbraten, die Fleischreste mitbraten.
3. Die Paradeiser in kleine Würfel schneiden und zum Fleisch geben, kurz dünsten, mit Kräutern, Salz und Pfeffer pikant würzen.
4. Die Fülle auf den Palatschinken verteilen, diese einrollen, in mit Milch verschlagenem Ei und Bröseln panieren, die Palatschinken in heißem Butterschmalz knusprig ausbacken, auf Küchenpapier abtropfen lassen und mit Blattsalat servieren.

Biskuit-
omelett mit
Reste-Belag

Fleischkroketten

Zutaten für 2 Portionen
KROKETTEN: 200 g gekochtes oder gebratenes Fleisch (am besten Hühnerfleisch) • 100 g Champignons • *3 gekochte Erdäpfel* • *1 Ei* • *1 EL gehackte Petersilie* • *Salz und Pfeffer* • *eventuell 1–2 EL Semmelbrösel*
PANIER: Mehl • *1 Ei* • *150 g Semmelbrösel* • *Öl zum Frittieren*

1. Das Fleisch klein schneiden oder faschieren, die Champignons fein hacken und die geschälten Erdäpfel reiben, alles mit dem Ei, Salz und Pfeffer sowie Petersilie vermengen, wenn nötig, mit Semmelbröseln binden.
2. Aus der Masse Kroketten formen, diese in Mehl, verquirltem Ei und Semmelbröseln wälzen, dann eine Stunde im Kühlschrank rasten lassen.
3. Das Öl auf 180 °C erhitzen und die Kroketten (nicht zu viele auf einmal) ca. 10 Minuten backen.

Tipp: Die Fleischreste können auch durch gedünstete Gemüsereste ersetzt werden, statt der Champignons in diesem Fall 80 g Haferflocken hinzufügen. Die Masse im Kühlschrank rasten lassen, wie oben beschrieben Kroketten formen oder mit einem Esslöffel Häufchen in eine Pfanne mit etwas heißem Öl geben, diese leicht flach drücken und beidseitig knusprig braten.

Rindfleischsalat

Zutaten für 2 Portionen
SALAT: 200 g mageres gekochtes Rindfleisch • *einige Blätter Kopfsalat* • *1 kleine Zwiebel* • *1 Paradeiser* • *1 hart gekochtes Ei* • *MARINADE: 4 EL Weißweinessig* • *Salz und Pfeffer* • *Kernöl nach Geschmack* • *1 EL Schnittlauchröllchen*

1. Das Rindfleisch blättrig oder nudelig schneiden und auf den gewaschenen, auf Tellern aufgelegten Salatblättern anrichten.
2. Die Zwiebel in feine Ringe schneiden, den Paradeiser und das geschälte Ei achteln und auf das Rindfleisch legen.
3. Für die Marinade Essig, Salz und Pfeffer (und eventuell ein wenig Wasser) gut verrühren und über das Fleisch gießen, mit Kernöl nach Geschmack beträufeln und mit Schnittlauchröllchen bestreut anrichten.

Fisch-Sulz

Zutaten für 4 Portionen
250 ml trockener Weißwein • 250 ml Wasser • 1 EL Zitronensaft • 1 Zwiebel • 1 EL Fischgewürz • Salz • ca. 150 g Reste von gebratenem oder geräuchertem Fisch *• 6 Blatt Gelatine •* 4 Scheiben Räucherlachs *• 1 gekochtes Ei • einige Maiskölbchen • einige Oliven •* 100 g gekochte Erbsen *• Salatblätter und Dill zum Garnieren*

1. Den Wein mit Wasser, Zitronensaft, der halben Zwiebel, Fischgewürz und Salz aufkochen, dann vom Herd nehmen, die entgräteten Fischstückchen einlegen und etwa 30 Minuten darin ziehen lassen.
2. Gelatine nach Packungsanleitung einweichen, Fischstücke aus dem Sud nehmen und den Sud abseihen.
3. Ausgedrückte Gelatine in den lauwarmen Sud geben und rühren, bis sie sich aufgelöst hat.
4. Eine kleine Kastenform mit Frischhaltefolie auskleiden, mit etwas vom Sud ausgießen und erstarren lassen.
5. Dann schichtweise die Fischstücke, die Lachsscheiben, das geschälte, in Scheiben geschnittene Ei, Maiskölbchen, Oliven und Erbsen einlegen, jede Schicht mit Sud begießen, immer kurz warten, bis der Sud geliert, mit Sud abschließen und die Sulz am besten über Nacht im Kühlschrank fest werden lassen.
6. Die fertige Sulz aus der Form stürzen, Frischhaltefolie abziehen, in Portionen schneiden, auf Salat anrichten und mit Dill garnieren.

Fischaufstrich

Zutaten für ca. 350 g
150 g Räucherfischreste • 100 ml Sauerrahm *•* 100 ml Obers *• Dill • Salz und Pfeffer • eventuell Fischgewürz*

1. Den Fisch von eventuell vorhandenen Gräten befreien, mit der Gabel zerdrücken und Sauerrahm und Obers unterrühren (wenn man das Ganze mit dem Pürierstab mixt, wird der Aufstrich ganz fein).
2. Nach Geschmack mit Dill, Salz und Fischgewürz abschmecken.

Tipp: Schmeckt zu knusprigem Roggenbrot oder zu Toast.

Fisch in Rahmsauce

Zutaten pro Portion

150 g gebratene oder gekochte Fischreste • 1 EL Butter • 1 EL Mehl • ¹⁄₁₆ l Wasser • Salz und Pfeffer • Muskatnuss • Zitronensaft und -schale • 2 EL trockener Weißwein • 3 EL Obers • 1 EL Kapern

1. Die Fischreste in mundgerechte Stücke schneiden, Butter in einem Topf erhitzen und Mehl darin hell anschwitzen, mit Wasser aufgießen und mit Gewürzen, Zitronensaft und -schale sowie Wein abschmecken, mit Obers verfeinern.
2. Kapern dazugeben und unterrühren, die Sauce aufkochen lassen und die Fischstücke hinzufügen, ziehen lassen, bis sie warm sind.

Tipp: Das Gericht mit Salzerdäpfeln und Salat servieren.

Schnelles Fischgulasch

Zutaten für 2 Portionen

ca. 180 g gebratener Fisch • ½ Zwiebel • 1 EL Olivenöl • 1 Knoblauchzehe • ca. 400 g weiche Paradeiser • 3 Zweige Basilikum • etwas Zucker und Salz

1. Die Fischreste in Stücke schneiden und beiseitegeben, die fein geschnittene Zwiebel in Olivenöl anrösten, klein geschnittenen Knoblauch kurz mitrösten.
2. Paradeiser gegenüber vom Stielansatz kreuzweise einschneiden, kurz in kochendes Wasser tauchen, kalt abschrecken und dann die Haut abziehen.
3. Die Paradeiser in Würfel schneiden, zu den angerösteten Zwiebeln geben und mit etwas Wasser weich dünsten, mit dem Mixstab pürieren und das klein geschnittene Basilikum unterrühren, mit Zucker und Salz abschmecken.
4. Die Fischstückchen in heißem Olivenöl kurz anbraten, auf Tellern anrichten und mit der Sauce übergießen.

Fisch in
Rahmsauce

Erdäpfel-Fisch-Paradeiser-Auflauf

Zutaten für 3–4 Portionen
200 g Erdäpfel • 150 g Reste von gebratenem oder gedünstetem Fisch • 200 g Paradeiser • 1 kleine Zwiebel • Salz und Pfeffer • Butter für die Form • frische Kräuter nach Wahl (Oregano, Basilikum, Rosmarin, Thymian) • 3 Knoblauchzehen • 200 ml Sauerrahm • 1 Ei • 100 g Käse

1. Erdäpfel nicht zu weich kochen, schälen und in Scheiben schneiden.
2. Fischreste in Stücke, Paradeiser in Scheiben und Zwiebel in Ringe schneiden.
3. Paradeiser und Erdäpfel leicht mit Salz und Pfeffer würzen, dann Fischstücke, Paradeiser, Erdäpfel und Zwiebel abwechselnd schuppenartig in eine feuerfeste, befettete Form legen, mit gehackten Kräutern und fein geschnittenem Knoblauch bestreuen.
4. Sauerrahm mit dem Ei verrühren, würzen und über die in die Form eingeschichteten Zutaten leeren, mit geriebenem Käse bestreuen.
5. Den Auflauf im Backofen bei 180–200 °C ca. 25 Minuten backen.

Tipp: Statt Erdäpfeln kann man auch Nudeln verwenden, statt geriebenem Käse auch Mozzarellawürfel.

Fischsalat

Zutaten pro Portion
SALAT: 150 g gekochte oder gebratene Fischreste • ½ Zwiebel • 2 Essiggurkerln • 1 gekochtes Ei • 1 Paradeiser • MARINADE: 2 EL Essig • 2 EL Wasser • 1 EL Öl • Salz und Pfeffer

1. Die Fischreste enthäuten, entgräten und in mundgerechte Stücke teilen, mit der fein geschnittenen Zwiebel und den feinwürfelig geschnittenen Essiggurkerln vermischen und auf einem Teller anrichten.
2. Das Ei in Scheiben und den Paradeiser in Spalten schneiden, den Fischsalat damit garnieren.
3. Essig, Wasser, Öl, Salz und Pfeffer gut verrühren und den Salat damit marinieren, frisches Brot oder Baguette dazu reichen.

Erdäpfel-
Fisch-
Paradeiser-
Auflauf

Fischspaghetti

Zutaten für 1–2 Portionen
80 g Spaghetti • Salz • 80–100 g Reste von Räucherforelle oder -Makrele • 125 g Obers • Pfeffer

1. Die Spaghetti in reichlich Salzwasser al dente kochen, Fischreste klein zerpflücken und sorgfältig entgräten.
2. Das Obers kurz aufkochen, die Fischstücke darin ziehen lassen und mit Salz und Pfeffer würzen.
3. Diese Sauce über den gekochten, abgeseihten Nudeln verteilen und mit Salat servieren.

Faschierter Fischbraten

Zutaten für 2 Portionen
1 kleine Zwiebel • 50 g Speck • ½ Bund Petersilie • einige Zweige Thymian • etwas Majoran • 250 g mehlige Erdäpfel • 180 g gekochte oder gebratene Fischreste • 1 Paradeiser • 1 Ei • Salz und Pfeffer • 1 EL Öl • 200 ml Rindsuppe zum Aufgießen • 1 Ei zum Bestreichen

1. Zwiebel schälen und fein hacken, Speck von der Schwarte schneiden und kleinwürfelig schneiden, Kräuter waschen und fein hacken.
2. Erdäpfel schälen und grob reiben, die Fischreste in kleine Stücke zupfen und danach faschieren.
3. Den Paradeiser gegenüber des Stielansatzes über Kreuz einritzen, in heißes Wasser tauchen, dann die Haut abziehen.
4. In einer Pfanne den Speck auslassen, die Zwiebel beifügen und goldgelb rösten, erkalten lassen und mit der Fischmasse, den Erdäpfeln, den Kräutern, dem Ei und den Gewürzen gut vermengen.
5. Die Masse zu einer Rolle formen, diese in einen befetteten Bräter legen und mit versprudeltem Ei bestreichen, mit etwas Rindsuppe aufgießen, den Paradeiser dazugeben, den faschierten Braten im vorgeheizten Backofen bei 200 °C etwa 40 Minuten braten, während des Bratens mit der restlichen Suppe und mit Eigensaft mehrmals übergießen.
6. Den fertigen Braten herausnehmen und in fingerdicke Scheiben schneiden, den Saft abseihen und mit dem Fischbraten auf vorgewärmten Tellern anrichten.

Fisch-
spaghetti

Fischstrudel

Zutaten für ca. 4 Portionen
200 g Reste von gekochtem oder gebratenem Fisch • 1 Knoblauchzehe
• 200 g Blattspinat • 1 EL Olivenöl • Salz und Pfeffer • 1 P. Blätterteig
• 125 ml Crème fraîche • 1 Ei zum Bestreichen

1. Den Fisch von eventuell vorhandenen Gräten befreien und in Stücke schneiden, die fein gehackte Knoblauchzehe und den blanchierten, gut abgetropften Blattspinat in heißem Olivenöl andünsten, überkühlen lassen, mit Salz und Pfeffer abschmecken.
2. Den Backofen auf 200 °C vorheizen, den Blätterteig entrollen und in der Mitte mit dem Blattspinat belegen.
3. Die Fischstücke darauflegen, Crème fraîche darauf verteilen und die seitlichen Teigteile über der Fülle zusammenschlagen, den Strudel mit dem verquirlten Ei bestreichen und im Backofen ca. 25 Minuten goldgelb backen.

Fischlaibchen

Zutaten für 2 Portionen
ca. 150–200 g gebratener oder gedünsteter Fisch • 20 g Selchfleisch oder Speck
• 1 eingeweichte alte Semmel • ½ Zwiebel oder ein Stück Lauch • 2 Zweige
Petersilie • Salz und Pfeffer • 1 Ei • 1 EL Mehl • 1 EL Semmelbrösel
• 2 EL Butterschmalz

1. Fisch und Selchfleisch in Würfel schneiden, mit der eingeweichten und ausgedrückten Semmel, der grob geschnittenen Zwiebel oder dem Lauch und der Petersilie faschieren.
2. Die Masse mit den Gewürzen, dem Ei, dem Mehl und den Semmelbröseln vermischen, eventuell noch mit Bröseln festigen.
3. Kleine Laibchen aus der Masse formen und in heißem Butterschmalz beidseitig braten.

Tipp: Mit Erdäpfelschmarren oder Püree und Salat servieren.

Fischstrudel

Wurst-, Schinken- & Speckreste

„Reiser-stöckerl" S. 38

Foto: Klaus Brüheim/pixelio.de

Sowohl im Alltag – man denke an Wurstzipfel, Ränder von Speck und so weiter – als auch zu Fest- und Feiertagen (Reste von der Weihnachts-Aufschnittplatte, Schinken und Geselchtes nach Ostern ...) fallen häufig Wurst-, Schinken- und Speckreste an und warten nur darauf, zu neuen kulinarischen Ehren zu gelangen.

Grundsätzlich sind **Hartwurst und Speck** recht lange haltbar. Die meist geräucherten Rohwürste (z. B. Salami, Trockenwürstel) und Speck im Ganzen können bei fachgerechter Lagerung (trocken, dunkel, kühl und geruchsneutral) einige Monate gelagert werden.

Frische Wurstwaren und Aufschnitt-Schinken oder -Speck müssen im Kühlschrank aufbewahrt werden und sind innerhalb von ein paar Tagen zu verbrauchen. Reste von Schinken und Aufschnittwurst kann man auch gut portionsweise einfrieren.

Wenn es jedoch darum geht, diese Reste möglichst köstlich zu verwerten, so ist diese Gruppe von Lebensmitteln eine der dankbarsten, denn fein geschnittene Wurst, Schinken oder Speck verfeinern eine Vielzahl an Gerichten: Aufläufe, Gröst'l, Gulasch, Eintöpfe, Pizza, überbackene Brote, Salate, Aufstriche, Omeletts, Laibchen, Muffins – die Möglichkeiten sind äußerst vielfältig!

Schinkenreste können zu Schinken-Mousse, gefüllten Schinkenrollen, Salaten, Aufstrichen oder Nudelsauce (Carbonara) verarbeitet werden.

Würfelig geschnittene Speck- und Hartwurstreste eignen sich besonders gut als Knödelfülle (egal, ob Erdäpfel-, Semmel- oder Nudelteig) oder Strudelfülle; Randstücke von Speck werden häufig bei der Zubereitung von gedünstetem Weißkraut (auch Sauerkraut) beigegeben. Auch **Speckschwarten** allein verleihen einfachen Beilagen wie Gemüse oder Salzerdäpfeln eine besondere Note, wenn sie mitgekocht werden. Der Geschmack überträgt sich auf das Gemüse (die Speckschwarte wird natürlich nicht mitgegessen).

Vor allem für die Resteküche mit Hartwurst und Speck gilt: Vorsichtig salzen, da beide oft schon recht salzig sind.

Einfach und gut: Ein fettes Speck-Randstück in kleine Würfel schneiden, in einer Pfanne „auslassen" (knusprig rösten), die entstandenen Speckgrammeln dann mit Essig aufgießen und mit dieser Marinade Krautsalat abmachen. Wenn man die Grammeln mit einem Siebschöpfer aus dem Fett hebt und sie dann auskühlen lässt, können sie auch jedem anderen Salat oder Cremesuppen beigefügt werden.

„Reiserstöckerl"
(Familienrezept meiner Schwiegermutter)

Zutaten für ca. 4 Portionen
500 g gekochte Erdäpfel • 1 Prise Salz • ca. 100 g Mehl
• 1 Ei • 10 g Butter • ca. 150 g klein geschnittene Wurst-,
Speck- oder Schinkenreste • Butter für die Form
• ÜBERGUSS: 250 ml Obers (eventuell die Hälfte durch Milch
ersetzen) • 1–2 Eier • Salz

Rezeptfoto
S. 36

1. Die Erdäpfel schälen, reiben oder durch eine Erdäpfelpresse drücken, salzen, dann das Mehl hinzufügen, das Ei und die Butter dazugeben und untermengen, alles zu einem glatten, mittelfesten Teig kneten (ist der Teig zu weich, etwas Mehl unterkneten, ist er zu fest, etwas Butter dazugeben).
2. Den Erdäpfelteig auswalken, mit klein geschnittener Wurst, Schinken oder Speck belegen, in ca. 10 x 10 cm große Quadrate schneiden, diese einrollen, in eine befettete Auflaufform gegeben, im Backofen bei ca. 180 °C ca. 15 Minuten überbacken.
3. Sobald die Röllchen Farbe bekommen, Obers mit Ei(ern) versprudeln, salzen und über die Röllchen gießen, weitere 5–10 Minuten überbacken.

Jungzwiebel-Lauch-Schinken-Tarte

Zutaten für 4–6 Portionen
TEIG: 75 g Weizenmehl • 75 g Weizen-Vollmehl • 50 g Butter • 150 g Topfen
BELAG: 200 g Lauch • 200 g Jungzwiebeln • Öl zum Anbraten • 200 g Käse
• 150 g Schinken • 200 ml Sauerrahm • 2–3 Eier • Salz und Pfeffer • fein
gehackte Kräuter nach Belieben

1. Für den Teig Mehl mit Butter verbröseln, dann rasch mit dem Topfen zu einem Teig verkneten, in Frischhaltefolie wickeln und 30 Minuten kühl rasten lassen.
2. Für den Belag den Lauch und die Jungzwiebeln in feine Ringe schneiden und in heißem Öl glasig werden lassen, Käse reiben, Schinken würfelig schneiden und alle Zutaten für den Belag vermischen.
3. Den Teig dünn ausrollen, in eine Tarteform legen (oder Teig teilen und in mehrere kleine Förmchen geben), die Ränder seitlich etwas hochziehen, mit dem Belag auffüllen und bei 180 °C ca. 30 Minuten backen.

Jungzwie-
bel-Lauch-
Schinken-
Tarte

Wurstlaibchen

Zutaten für 6 Stück

4–5 mittelgroße gekochte Erdäpfel • 1 Zwiebel • 1 Knoblauchzehe • 1 EL fein geschnittene Petersilie • 150 g Wurst- oder Schinkenreste • 1 Ei • 3 EL Mehl • 2 EL Grieß • 1 TL Salz • 3 EL Butterschmalz

1. Die geschälten Erdäpfel durch die Erdäpfelpresse drücken und mit der fein gehackten Zwiebel, dem gepressten Knoblauch, der Petersilie, den klein geschnittenen Wurst- oder Schinkenresten, dem Ei, dem Mehl und dem Grieß in einer Schüssel zu einem Teig verkneten, nach Bedarf mit Salz würzen.
2. Den Teig zu Laibchen formen und diese in heißem Butterschmalz ausbacken, die Laibchen mit Salat servieren.

Wurstknödel

Zutaten für 6 Knödel

5–6 mittelgroße gekochte Erdäpfel • 100 g Mehl • 2 EL Grieß • 1 Ei • ½ TL Salz • FÜLLE: 1 Zwiebel • 1 Knoblauchzehe • 150 g Wurst- oder Schinkenreste • 1 EL Öl • 1 EL fein geschnittene Petersilie

1. Die Erdäpfel schälen und durch die Erdäpfelpresse drücken, Mehl, Grieß, Ei und Salz hinzufügen und zu einem geschmeidigen Teig verkneten, diesen in 6 gleich große Teile teilen.
2. Für die Fülle die Zwiebel fein hacken und mit der gepressten Knoblauchzehe sowie den fein geschnittenen Wurst- oder Schinkenresten kurz im heißen Öl anrösten, vom Herd nehmen und die Petersilie untermengen.
3. Die Teigteile flach drücken und die Fülle darauf verteilen, mit bemehlten Händen zu Knödeln formen.
4. Reichlich Salzwasser zum Kochen bringen, die Knödel einlegen und die Temperatur zurücknehmen, die Knödel 20 Minuten ziehen lassen, dann mit einem Siebschöpfer aus dem Wasser heben, abtropfen lassen und mit Sauerkraut oder Krautsalat servieren.

Wurst-
laibchen

Pizzarolle

Zutaten für 4 Portionen
500 g Mehl • 1 TL Salz • 1 P. Trockengerm • 190 ml lauwarmes Wasser
• 2 EL Olivenöl • 150 g Speck- oder Wurstreste • 4 Paradeiser • 1 Zwiebel
• 100 g Champigons • 200 g Käse • 2 hart gekochte Eier • Oregano

1. Das Mehl in eine große Schüssel sieben und mit Salz und Trockengerm vermischen, mit dem Wasser und dem Olivenöl zu einem Teig kneten (etwa 10 Minuten kräftig kneten, bis der Teig elastisch ist und nicht mehr klebt).
2. Teig zugedeckt an einem warmen Platz 30 Minuten gehen lassen, bis sich das Volumen verdoppelt hat, danach Teig in zwei Teile teilen, diese jeweils ca. 1 cm dick ausrollen.
3. Die vorderen drei Viertel des Teigs mit klein geschnittenen Speck- und/oder Wurstresten, den in Spalten geschnittenen Paradeisern, der in Ringe geschnittenen Zwiebel und den halbierten oder geviertelten Champignons belegen, den geriebenen Käse darüberstreuen.
4. Die Eier schälen, in Scheiben schneiden und diese auf dem Belag verteilen, danach den Teig einrollen.
5. Die Rollen auf ein Backblech legen, mit Wasser bestreichen und bei 190 °C ca. 30–40 Minuten backen, die fertigen Pizzarollen halbieren und anrichten.

Tipp: Die Fülle ist je nach Geschmack und vorhandenen Resten variierbar.

Gemischte Knödel

Zutaten für 4 Stück
2 alte Semmeln • 100 ml gewässerte Milch • 1 Ei • 100 g Wurstreste
• 50 g Käsereste • 100 g fein geschnittenes Kraut • 1 fein geriebene Karotte
• 2 EL fein gehackte Petersilie • 2 EL Mehl • 3 EL Semmelbrösel • braune
Butter und etwas Parmesan

1. Die Semmeln in kleine Würfel schneiden und mit der gewässerten Milch begießen, das Ei dazugeben und die Masse mindestens 20 Minuten durchziehen lassen.
2. Wurst- und Käsereste klein schneiden, mit Kraut und Karotte sowie der Petersilie zur Semmelmasse geben, die Masse mit Mehl und Semmelbröseln festigen, 4 Knödeln formen, diese in reichlich sanft siedendem Salzwasser 20 Minuten ziehen lassen.
3. Mit brauner Butter und gehobeltem Parmesan servieren, dazu passt grüner Salat.

Aufschnittknödel mit warmem Krautsalat

Zutaten für 2–3 Portionen

500 g Erdäpfel • 125 g griffiges Mehl • 1 Ei • Salz, Pfeffer und Muskatnuss • Schnittlauch zum Bestreuen • FÜLLE: 125 g gemischter Aufschnitt • 1 EL Butter • ½ Zwiebel • 1 EL Schnittlauchröllchen • SALAT: 250 g Weißkraut • 80 ml Wasser • 1–2 EL Essig • Salz und Kümmel • Zucker

1. Erdäpfel waschen und in Salzwasser weich kochen, in der Zwischenzeit für die Fülle den Aufschnitt in feine Streifen schneiden, Butter in einer Pfanne schmelzen, die fein geschnittene Zwiebel darin anschwitzen, Aufschnittstreifen zugeben, schwenken, Schnittlauchröllchen untermischen und abschmecken, auskühlen lassen.
2. Für den Salat das Weißkraut fein schneiden, Wasser mit Essig und Gewürzen aufkochen, über das fein geschnittene Kraut gießen und ziehen lassen.
3. Die gekochten Erdäpfel abgießen und ausdampfen lassen, noch heiß schälen und durch die Erdäpfelpresse in eine Schüssel drücken.
4. Das Mehl darübersieben, Ei zugeben und mit Salz, Pfeffer und Muskat würzen, mit der Hand vermischen und zu einem Teig verarbeiten.
5. Aus dem Teig eine Rolle mit ca. 10 cm Durchmesser formen und diese in 2 cm dicke Scheiben schneiden, Scheiben mit der Hand flach drücken, Fülle in die Mitte geben, mit dem Teig umhüllen, Teig gut verschließen und Knödel formen.
6. Die Knödel in leicht wallendes Salzwasser geben und 10 Minuten ziehen lassen.
7. Knödel mit einem Schaumlöffel aus dem Wasser heben, abtropfen lassen, auf vorgewärmten Tellern anrichten, mit Schnittlauch bestreuen, mit dem Krautsalat servieren.

Salamiaufstrich

Zutaten für ca. 200 g

100 g Salami • 2 Pfefferoni • ½ grüne Paprikaschote • 100 g Topfen • 2 EL Mayonnaise • Cayennepfeffer • Salz • Paprikapulver

1. Die Salami, die Pfefferoni und die Paprikaschote sehr fein schneiden oder hacken und mit Topfen und Mayonnaise verrühren, mit den Gewürzen pikant abschmecken.

Wurstomelett

Zutaten pro Portion

½ kleine Zwiebel • etwas Öl zum Anbraten • 100 g Wurst • 2 Eier • 1 TL Mehl • 1 EL Öl

1. Die Zwiebel fein hacken und in Öl anschwitzen, aus der Pfanne in eine Schüssel geben, abkühlen lassen und mit den fein geschnittenen Wurstresten vermengen.
2. Die Eier trennen und die Eiklar zu steifem Schnee schlagen, Eidotter und Mehl mit dem Mixer verrühren und den Eischnee vorsichtig unterheben.
3. Die Pfanne nochmals erhitzen, die Eiermasse hineingeben, auf die Hälfte der Eiermasse das Wurst-Zwiebel-Gemisch verteilen.
4. Wenn die Masse zu stocken beginnt, die Hälfte ohne Wurst über die andere Hälfte klappen und fertig braten, mit Salat und frischem Brot servieren.

Laucheintopf mit Schinken

Zutaten für 3–4 Portionen

250 g Lauch • ½ Zwiebel • 2 Knoblauchzehen • 2 Paradeiser (auch Dosenparadeiser eignen sich) • 100 g Kohlrabi • 100 g gekochte Erdäpfel • 80 g Kochschinken (oder Speck- oder Wurstreste) • 25 g Butter • 1 EL glattes Mehl • ½ EL Paradeisermark • 250 ml Rindsuppe • Salz und Pfeffer • 1 Zweig Thymian • gehackte Petersilie und Thymian zum Garnieren

1. Den Lauch waschen, putzen und in Ringe schneiden, Zwiebel schälen und fein hacken, Knoblauch schälen und in feine Scheibchen schneiden.
2. Die Paradeiser kurz in kochendes Wasser tauchen, schälen und achteln, Kohlrabi waschen, schälen und in Würfel schneiden, Erdäpfel schälen und würfeln, den Schinken (oder Speck oder Wurst) in Streifen schneiden.
3. Die Butter in einem Topf erhitzen und darin Mehl, Paradeisermark, Zwiebel und Knoblauch anrösten, Kohlrabi beifügen und kurz mitrösten lassen, mit Suppe aufgießen und bei geringer Hitze etwa 10 Minuten köcheln lassen.
4. Lauch, Erdäpfelwürfel, Schinken und Paradeiser zugeben, mit Salz, Pfeffer und abgerebeltem Thymian würzen, alles zusammen bei geringer Hitze kernig weich kochen.
5. Eintopf anrichten, vor dem Servieren mit gehackter Petersilie und Thymian garnieren.

Tipp: Ein feiner Eintopf, in dem man übrig gebliebene Erdäpfel verwerten kann und der mit Schinken-, Speck oder Wurstresten die richtige Würze erhält!

Wurst-
omelett

Sterzwurst in Kürbiskernpanier

Zutaten für ca. 16 Stück

100 g Bauchspeck • 50 g Lauch • 50 g Butter • 500 ml Milch • 250 g Polenta • 1 Ei • Salz und Pfeffer • Muskatnuss • PANIER: Mehl • Eier • fein geschrotete Kürbiskerne • Öl zum Ausbacken

1. Bauchspeck und Lauch in kleine Würfel schneiden, Butter in einer Pfanne schmelzen, Speck und Lauch darin anschwitzen, Milch dazugeben und aufkochen lassen.
2. Polenta einrühren und wie bei einem Brandteig unter Rühren abrösten, die Masse auskühlen lassen.
3. Danach das Ei einarbeiten und mit Salz, Pfeffer und Muskatnuss würzen.
4. Die Masse auf einer Folie zu einer Rolle formen, diese in die Folie einwickeln und für 4 Stunden in den Kühlschrank geben.
5. Dann die Folie entfernen und die Wurst in 1 cm dicke Scheiben schneiden, diese in Mehl, Ei und Kürbiskernen panieren und anschließend in heißem Öl schwimmend ausbacken.

Tipp: Frittierfett kann bedenkenlos öfters verwendet werden, wenn es nicht zu hoch erhitzt wird. Gebrauchtes Öl/Fett nach jeder Verwendung filtrieren, z. B. mit einem Kaffeefilter, dann kühl lagern. Spätestens, wenn das Öl anfängt zu schäumen, sollte es aber ausgetauscht werden, denn dann nehmen die frittierten Lebensmittel auch doppelt so viel Fett auf wie gewöhnlich.

Wurstsalat

Zutaten pro Portion

½ kleine Zwiebel • 100 g Wurstreste (z. B. Extrawurst) • 50 g Käsereste • 2 Essiggurkerln • 1 Paradeiser • 2–3 Blätter Eisbergsalat • 1 EL Mayonnaise • 1–2 EL Weißweinessig • Salz und Pfeffer

1. Die Zwiebel fein schneiden, Wurst und Käse in kleine Würfel oder Streifen schneiden, die Essiggurkerln in Scheiben, die Paradeiser in Spalten schneiden, den gewaschenen Salat in ca. 1 cm breite Streifen schneiden.
2. Aus Mayonnaise, Essig, Salz und Pfeffer sowie 2 EL Wasser eine Marinade rühren, mit den Salatzutaten vermischen, vor dem Servieren eine Stunde durchziehen lassen.

Sterzwurst in Kürbiskern-panier

Käse-Wurst-Salat

Zutaten für 2 Portionen

150 g Wurst (beliebige Sorte) • 100 g beliebiger Schnittkäse • ½ rote Zwiebel • ½ Paprikaschote • 150 g gekochte Nudeln • MARINADE: ½ Bund Schnittlauch • ½ EL scharfer Senf • ½ EL süßer Senf • 2 EL Birnenessig • 2 EL Walnussöl • Salz und Pfeffer

1. Die Wurst in Scheiben und dann in Streifen schneiden, Käse in Scheiben und anschließend in dünne Streifen schneiden, Zwiebel schälen und klein schneiden, Paprikaschote in dünne Streifen schneiden.
2. Für die Marinade Schnittlauch fein schneiden, in einer geeigneten Schüssel alle Zutaten für die Marinade verrühren und mit etwas Salz und Pfeffer würzen, alle übrigen Zutaten zugeben und gut vermischen.

Tipp: Der Salat schmeckt am besten, wenn er einige Stunden vorher zubereitet wird, denn er soll gut durchziehen können. Vor dem Servieren nochmals abschmecken und eventuell nachwürzen.

Pikante Muffins

Zutaten für 6 Stück

250 g Mehl • 1 P. Backpulver • 1 Zwiebel • 1 Knoblauchzehe • 2 EL gemischte gehackte Kräuter • 150 g klein geschnittene Wurst- oder Schinkenreste • 150 g geriebener Käse (Reste) • 1 TL Salz • 1 TL Kümmel • 1 TL Paprikapulver • 1 Ei • 3 EL Öl • 250 ml Joghurt oder Buttermilch

1. Mehl mit Backpulver vermischen, dann alle trockenen Zutaten untermischen.
2. Ei, Öl und Joghurt gut verrühren und zu den übrigen Zutaten geben, mit dem Mixer zu einem Teig rühren.
3. 6 große Papiermanschetten in ein Muffinblech setzen, den Teig darin verteilen.
4. Im auf 200 °C vorgeheizten Backofen ca. 30 Minuten backen.

Tipp: Die Muffins können noch warm mit Blattsalaten serviert werden, sie schmecken aber auch als kalter Snack sehr gut.

Sauerkrautauflauf mit Selchfleisch

Zutaten für 4 Portionen

1 große Zwiebel • 50 g Hamburger Speck • 40 g Butterschmalz • 1 Prise Zucker • 1 EL glattes Mehl • 500 g Sauerkraut • 1 Lorbeerblatt • 200 g gekochtes Selchfleisch • 400 g gekochte Erdäpfel • 250 ml Sauerrahm • 2 Eier • Butter und Brösel für die Form

1. Zwiebel schälen und fein hacken, den Speck von der Schwarte schneiden und in kleine Würfel schneiden, Butterschmalz in einem Topf erhitzen, Zwiebel, Zucker und Speck beifügen und hell anrösten.
2. Mehl darüberstreuen und hell anlaufen lassen, mit etwas Wasser angießen, Sauerkraut und Lorbeerblatt zugeben und so lange weich dünsten, bis die Flüssigkeit verdampft ist.
3. Das Fleisch in dünne Scheiben schneiden, die Erdäpfel schälen und ebenfalls in Scheiben schneiden, eine Auflaufform mit Butter ausstreichen und mit Bröseln ausstreuen.
4. Eine Schicht Kraut in die Form geben, darauf Erdäpfel- und Fleischscheiben legen, diesen Vorgang so oft wiederholen, bis alle Zutaten aufgebraucht sind.
5. Den Sauerrahm mit den Eiern versprudeln, über den Auflauf gießen und im vorgeheizten Backofen bei 200 °C etwa 40 Minuten backen.

Wurstgulasch

Zutaten für 2 Portionen

1 kleine Zwiebel • 1 Knoblauchzehe • 2 EL Öl • 6 mittelgroße Erdäpfel • 2 EL Parikapulver • etwas Kümmel • 1 EL Balsamico-Essig • 1 Lorbeerblatt • Salz • 1 Paar Frankfurter, Debreciner oder 150 g Braunschweiger • 2 TL Erdäpfelstärke

1. Die klein geschnittene Zwiebel und den fein gehackten Knoblauch in Öl andünsten, mit 500 ml Wasser aufgießen.
2. Die geschälten und in Würfel geschnittenen Erdäpfel dazugeben, Gewürze und Essig hinzufügen, ca. 15 Minuten köcheln lassen, bis die Erdäpfelwürfel fast weich sind.
3. Die in Scheiben geschnittene Wurst dazugeben und alles aufkochen lassen.
4. Die Stärke mit etwas kaltem Wasser verrühren und das Gulasch damit binden, nochmals aufkochen lassen, das Lorbeerblatt entfernen und sofort servieren.

Gemüse- & Erdäpfelreste

Gemüse-schnitzel S.52

Auch Gemüsreste fallen immer wieder an – ob Beilagen übrig bleiben oder einige Stück rohes Gemüse darauf warten, endlich verbraucht zu werden. Mit den Rezepten im folgenden Kapitel findet sich für jeden Gemüserest die optimale Verwertung.

Gekochtes oder gedünstetes Gemüse ist leicht verderblich. Es sollte nur im Kühlschrank gelagert werden. Gekochte Gemüsereste lassen sich gut als Grundlage für Salate, als Geschmackszutat für Omeletts, als Zutat für Aufläufe oder als Farbtupfer und Vitaminspender für Laibchen und Knödel verwenden. Auch als Grundlage für schnelle Cremesuppen und Eintöpfe ist bereits gegartes Gemüse gut geeignet.

Oft passiert es, dass zu viele **Erdäpfel** gekocht wurden. In der Schale gekochte Erdäpfel können kalt geschält und in Scheiben geschnitten werden und kommen als Erdäpfelschmarren, G'röstl, Erdäpfelsalat oder als Zutat für einen schnellen Eintopf oder ein Gratin zu neuen Ehren. Zur Bindung von Gemüsecremesuppen, für Rösti oder als Grundlage für Erdäpfelteig reibt man die geschälten übrig gebliebenen Erdäpfel.

Auch **Erdäpfelpüree** kann mit Getreideflocken, Mehl, Eiern, Käse sowie verschiedenen anderen Zutaten wie Gemüse, Wurst usw. zu Laibchen verarbeitet oder zu einer köstlichen Haube für überbackene Aufläufe werden.

ZUSATZTIPPS: Selbst das **Kochwasser** von geschälten Erdäpfeln und Gemüse kann für Suppen und Saucen weiterverwendet werden, es wäre doch schade um die wertvollen Inhaltsstoffe, die beim Kochen ausgelaugt werden. Allerdings gibt es einige Ausnahmen – das Kochwasser von Spinat, Kohl, Kraut, Bohnen und Fisolen enthält Schadstoffe. Das erkaltete Kochwasser von ungeschälten Erdäpfeln kann zum Blumengießen, aber auch zum Händewaschen gegen rissige Hände verwendet werden.

Nicht mehr ganz „taufrisches" **rohes Gemüse** wie zum Beispiel ältere Gurken, Kohlrabi, Karotten oder Paprikaschoten und viele andere Sorten kann man bedenkenlos zum Kochen verwenden, zum Beispiel für eine warme Gurkensauce, für Gemüsecremesuppen, Eintöpfe oder für Laibchen. Gemüse- und Salatreste peppen langweilige Pausenbrote auf, auch für Rohkost, gemischte Salate, Smoothies oder Gemüsesticks eignen sie sich gut. Aber auf jeden Fall darauf achten, dass die Gemüsereste nicht angefault oder schimmlig sind!

Auch **Gemüseschalen** müssen nicht weggeworfen werden und können für Suppen oder Fonds verwendet werden, wenn das Gemüse zuvor gründlich geputzt und gebürstet wurde. Gurkenschalen können als erfrischende Gesichtsmaske verwendet werden.

51

Gemüseschnitzel

Zutaten für 2 Portionen

2 Tassen gekochtes Mischgemüse (z. B. Karfiol, Karotten, Erbsen, Brokkoli) • ½ Zwiebel • 30 g Butter • 4–5 Champignons oder Eierschwammerln • 1 alte Semmel • etwas Milch • 1 Ei • einige Zweige Petersilie • 3 EL Mehl • 3 EL Semmelbrösel • Salz und Pfeffer • PANIER: Mehl • 5 EL Milch • 1 Ei • Semmelbrösel • Öl oder Butterschmalz zum Ausbacken

Rezeptfoto
S. 50

1. Die Gemüsereste in eine Schüssel geben, klein geschnittene Zwiebel in Butter hell anrösten und die geputzten, klein geschnittenen Schwammerln mitrösten.
2. Die in Milch eingeweichte, ausgedrückte Semmel dazugeben und ebenfalls mitbraten, danach die Masse auskühlen lassen und unter das Gemüse mengen.
3. Mit Ei, fein gehackter Petersilie, Mehl und Semmelbröseln vermischen, salzen, pfeffern und abschmecken.
4. Aus der Masse Laibchen formen, diese in Mehl wenden, in das mit Milch verquirlte Ei tauchen und mit Semmelbröseln panieren, danach in heißem Öl oder Butterschmalz beidseitig ausbacken.

Fisolen-Schafkäse-Pfanne

Zutaten pro Portion

1 kleine Zwiebel • 2 EL Olivenöl • 150 g gekochte Fisolen (oder anderes Gemüse) • 1 Paradeiser • 1 Schnitte Schafkäse (ca. 100 g) • 1 Zweig Rosmarin

1. Die Zwiebel in feine Ringe schneiden und im heißen Olivenöl hell anrösten, die Fisolen zugeben und kurz mitbraten.
2. Den Paradeiser in Würfel schneiden und zu den Fisolen geben, kurz durchrösten.
3. Das Gemüse nun auf eine Pfannenseite geben, auf der anderen Seite den Schafkäse anbraten, nach ca. 2 Minuten den Käse vorsichtig wenden und den Käse auf der zweiten Seite ebenfalls braten, das ganze Gericht mit fein gehackten Rosmarinnadeln bestreuen und mit knusprigem Baguette servieren.

Fisolen-
Schafkäse-
Pfanne

Gemüseknödel

Zutaten für 6 kleine Knödel
TEIG: 300 g mehlige Erdäpfel • 1 Eidotter • 1 EL Sauerrahm • 40 g griffiges Mehl • Salz • FÜLLE: 200 g Gemüsreste (z. B. 1 Karotte, ½ Paprikaschote, 1 Zucchini, ½ Kohlrabi, Lauch, Paradeiser ...) • 1 Eiklar • 1 EL Crème fraîche • 1 Knoblauchzehe • 1 EL fein gehackte Kräuter • Salz und Pfeffer • 1 EL Butter • Parmesan

1. Erdäpfel kochen, schälen, durchpressen und etwas auskühlen lassen, Eidotter, Sauerrahm, Mehl und etwas Salz dazugeben und alles zusammen abkneten.
2. Die Gemüsereste je nach Sorte waschen, putzen oder schälen, klein schneiden, härtere Sorten blanchieren, dann die Gemüsewürfel mit dem Eiklar und der Crème fraîche verrühren, mit dem gepressten Knoblauch und den Kräutern würzen und mit Salz und Pfeffer abschmecken.
3. Teig in Stücke teilen, auf der Hand auseinanderziehen, Gemüsefülle daraufgeben, zu Knödeln formen, in leicht kochendem Salzwasser ca. 15 Minuten gar ziehen lassen, dann mit einem Siebschöpfer aus dem Kochwasser nehmen, gut abtropfen lassen.
4. Die Butter in einer Pfanne erhitzen, bis sie hellbraun ist, die Knödel damit beträufeln und Parmesan darüberhobeln.

Tipp für Teigvariante: 120 g Mehl mit einem Ei auf einem Nudelbrett oder der Arbeitsfläche zu einem mittelfesten Teig verkneten, mit den Handballen kräftig durchkneten, in Frischhaltefolie wickeln und ca. 20 Minuten rasten lassen, dann in 6 Teile teilen, die Teigteile flach ausrollen und füllen, den Teig rund um die Fülle gut verschließen und Knödel formen, diese in siedendem Salzwasser ca. 15 Minuten köcheln lassen.

Schnell gebratene Zucchini

Zutaten für ca. 2 Portionen
1 mittlerer Zucchino • Salz • 2–3 EL griffiges Mehl • 1 EL Paprikapulver • Öl oder Butterschmalz zum Braten

1. Den ungeschälten Zucchino in Scheiben schneiden, salzen und eine halbe Stunde stehen lassen, danach den entstandenen bitteren Saft abgießen.
2. Mehl mit Paprikapulver vermischen, die Zucchinischeiben darin wenden und in Öl oder Butterschmalz braten, mit Paradeisersalat servieren.

Gemüse-
knödel

Erdäpfelroulade mit Spinat

Zutaten für 4 Portionen
TEIG: ca. 4–5 mittelgroße mehlige, gekochte Erdäpfel • 1 Ei • Salz • Mehl nach Bedarf • FÜLLE: 250 g Blattspinat • 1 P. Mozzarella (125 g) • ca. 125 g Topfen • ev. 60 g gewürfelten Schafkäse oder Schinken

1. Für den Teig Erdäpfel schälen, reiben und mit Ei, Salz und Mehl zu einem Teig verarbeiten.
2. Für die Fülle den Spinat gründlich waschen, blanchieren, den Mozzarella in Stücke schneiden und alle Füllezutaten vermengen.
3. Den Teig auf einem bemehlten Tuch ausrollen (ca. 1 cm dick), die Fülle darauf verteilen und mithilfe des Tuchs wie eine Roulade zusammenrollen.
4. Die Roulade 30 Minuten in Salzwasser köcheln lassen, herausnehmen und auskühlen lassen (sollte die Masse noch etwas zu weich sein, kann man die Rolle im Backofen bei 160 ° C einige Minuten nachbacken).

Tipp: Dieses Gericht kann man mit Butterbröseln bestreuen und etwas abgekühlt in Stücke schneiden oder anbraten und als Beilage zu Fleisch servieren. Oder man lässt sich die Erdäpfelroulade mit Paradeisersauce und Parmesan überbacken als Hauptgericht schmecken.

Gemüse-Fisch-Gratin

Zutaten für 2 Portionen
ca. 250 g gemischte Gemüsereste • Salz und Pfeffer • 2 EL Butter • 2 EL Mehl • 1 Eidotter • 150 g Reste von gekochtem, gebratenem oder geräuchertem Fisch • 1 EL fein gehackte Petersilie • 2 EL geriebener Käse • 1 EL Semmelbrösel • 1 EL Butter

1. Das Gemüse je nach Sorte putzen oder schälen, waschen, klein schneiden und in Salzwasser blanchieren, dann abseihen (Sud auffangen).
2. Butter erhitzen, darin das Mehl anschwitzen, mit 125 ml vom ausgekühlten Sud aufgießen, kurz aufkochen lassen und würzen, mit dem Eidotter legieren, mit dem Gemüse vermischen.
3. In eine befettete Auflaufform abwechselnd Gemüse und Fischreste schichten, mit geriebenem Käse und Semmelbröseln bestreuen, Butterflöckchen daraufsetzen.
4. Im auf 180 °C vorgeheizten Backofen ca. 30 Minuten goldgelb backen.

Erdäpfel-
roulade mit
Spinat

Überbackene Gemüsepalatschinken

Zutaten für 4 Portionen
*TEIG: 120 g Mehl • 1 Ei • 250 ml gewässerte Milch • Salz • Öl zum Ausbacken
SAUCE: 2 EL Butter • 4 EL Mehl • 250 ml gewässerte Milch • 2 Eidotter
• 4 EL geriebener Käse • 1 Knoblauchzehe • Salz und Pfeffer • 2 Eiklar
FÜLLE: 200 g gemischte gedünstete Gemüsereste • 1 EL frische, fein gehackte
Kräuter*

1. Aus dem Mehl, dem Ei, der gewässerten Milch und dem Salz einen glatten Palatschinkenteig anrühren, diesen 10 Minuten quellen lassen, dann nacheinander in heißem Öl dünne Palatschinken ausbacken und diese warm halten.
2. Für die Sauce in der zerlassene Butter das Mehl anschwitzen, mit gewässerter Milch aufgießen, dabei kräftig umrühren und cremig einkochen lassen, dann überkühlen lassen und anschließend die Eidotter und den Käse einrühren, kräftig mit gepresstem Knoblauch sowie Salz und Pfeffer würzen.
3. Die Hälfte der Sauce mit dem klein geschnittenen gedünsteten Gemüse und den Kräutern vermengen und die Palatschinken damit füllen.
4. Gefüllte Palatschinken zusammenrollen und in eine gebutterte Auflaufform legen.
5. Die Eiklar steif schlagen, den Eischnee und den Rest der Sauce vorsichtig verrühren und die Palatschinken damit begießen, im vorgeheizten Backofen bei 200 °C ca. 30 Minuten goldgelb backen.

Gemüsesalat

Zutaten für 2 Portionen
*3 gekochte Erdäpfel • 250 g gemischtes gekochtes Gemüse (Erbsen, Karotten, Kohlrabi ...) • 100 g Mayonnaise • 3 EL Weißweinessig • Salz und Pfeffer
• einige Salatblätter*

1. Die Erdäpfel schälen, in ca. 1 x 1 cm große Stücke schneiden, größere Gemüsestücke ebenfalls kleinwürfelig schneiden.
2. Die Gemüse- und Erdäpfelwürfel mit der Mayonnaise und dem eventuell gewässerten Essig vermischen, nach Geschmack salzen und pfeffern.
3. Den Gemüsesalat mindestens eine Stunde durchziehen lassen, danach auf gewaschenen, gut abgetropften Salatblättern anrichten.

Über-
backene
Gemüsepalat-
schinken

Heiße Gemüseschnitten

Zutaten für 2 Portionen
½ Paprikaschote • 1 Stück Lauch • 2 Paradeiser • 1 Stück Zucchini (ca. 150 g)
• 1 Ei • 125 ml Sauerrahm • 100 g Käse • 1 EL getrockneter Oregano • Salz
• 1 kleines Baguette oder ein Stück Sandwichwecken

1. Paprikaschote von weißen Adern und Kernen befreien und in kleine Stücke schneiden, den Lauch waschen und in feine Ringe schneiden, die Paradeiser in schmale Spalten schneiden, Zucchini grob raffeln.
2. Das Gemüse mit dem Ei, dem Sauerrahm, dem geriebenen Käse und den Gewürzen verrühren und abschmecken.
3. Das Baguette oder den Wecken in Scheiben schneiden und mit der Gemüsemasse bestreichen.
4. Die Gemüseschnitten im vorgeheizten Backofen bei 200 °C ca. 10 Minuten goldbraun überbacken.

Tipp: Die Gemüsereste kann man auch mit Thunfischresten oder Schinken-, Speck- und Wurstresten mischen.

Gemüse-Polenta-Laibchen

Zutaten für 2 Portionen
100 g Polenta • 250 ml Wasser • Salz und Pfeffer • 200 g gemischtes gekochtes oder gedünstetes Gemüse • 1 Ei • 2 EL Parmesan (oder anderer würziger Hart- oder Schnittkäse) • 1 EL gehackte Petersilie • 3 EL Butterschmalz

1. Die Polenta in kochendes Salzwasser einrühren und einige Minuten quellen lassen, öfter umrühren.
2. Die Polenta überkühlen lassen und das klein geschnittene Gemüse, das Ei und den geriebenen Käse unterrühren, mit Petersilie, Salz und Pfeffer pikant abschmecken.
3. Aus der Masse Laibchen formen und diese in heißem Butterschmalz goldgelb braten.

Tipp: Die Laibchen können mit Salat und einer Sauce als Hauptspeise serviert werden, passen aber auch als Beilage zu Gegrilltem oder verschiedenen Braten.

Heiße Gemüse-schnitten

Gemüse-Wok

Zutaten für 2 Portionen
4 EL Erdnüsse • 2 EL Erdnussöl • 2 Karotten • ¼ Krautkopf • 1 Stück Lauch
• einige Stangen Spargel • 4 EL Mais • 2 EL Stärkemehl • etwas Sojasauce
• Chilipulver • Salz

1. Die Erdnüsse im heißen Wok ohne Fett kurz anrösten (bis sie duften) und wieder aus dem Wok nehmen.
2. Danach das Öl im Wok erhitzen und das geputzte, klein geschnittene Gemüse darin unter ständigem Rühren anbraten, bis das Gemüse knackig gegart ist (eventuell ein bisschen Wasser zugießen).
3. Das Stärkemehl in 250 ml kaltem Wasser, anrühren und zum Gemüse geben, aufkochen lassen und nach Geschmack mit Sojasauce, Chilipulver und wenig Salz würzen.

Tipp: Dazu passt Basmatireis sehr gut; die Gemüsereste können natürlich variiert werden.

Kohlrabischnitzerl mit Kräuter-Käsekruste

Zutaten für 2 Portionen
1 großer Kohlrabi • Salz • Butterschmalz zum Braten • PANIER: Semmelbrösel
• 2 EL geriebener Parmesan • 2 EL gemischte, fein gehackte Kräuter • 1 Ei
• etwas Milch • Salz • ca. 5 EL Mehl

1. Den Kohlrabi schälen und in ca. 1 cm dicke Scheiben schneiden, in Salzwasser ca. 5 Minuten bissfest kochen, abseihen (den Kochsud für eine Suppe oder Sauce aufbewahren) und Kohlrabi auf Küchenpapier abtropfen und überkühlen lassen.
2. Für die Panier Semmelbrösel mit Parmesan und Kräutern mischen, das Ei mit etwas Milch verschlagen und salzen.
3. Nun die Kohlrabischeiben in Mehl, Ei- und Bröselmischung panieren und in heißem Butterschmalz ausbacken.

Tipp: Man kann nach eigenem Belieben auch viele andere Gemüsesorten verwenden (Brokkoli, Karfiol, Melanzani, Zucchini ...). Als Beilage zu diesem Gericht Salzerdäpfel und Salat reichen.

Gemüse-
Wok

Erdäpfeltaschen mit Frischkäse-Kräuter-Fülle

Zutaten für ca. 6 Stück

TEIG: 4 gekochte Erdäpfel • 100 g Mehl • 1 Ei • 2 EL zerlassene Butter • Salz • Öl für das Backblech • FÜLLE: 150 g Gervais mit Kräutern • 1 EL frische, fein geschnittene Kräuter (Schnittlauch, Petersilie …) • SAUCE: ½ kleine Zwiebel • 125 ml Obers • 100 g würfelig geschnittene Zucchini • 2 würfelig geschnittene Paradeiser • Salz und Pfeffer • Kräuter nach Geschmack • Knoblauch

1. Die Erdäpfel schälen und reiben oder mit der Gabel zerdrücken, mit Mehl, Ei, geschmolzener Butter und Salz zu einem Teig kneten (je nach Größe der Erdäpfel eventuell noch etwas Mehl einarbeiten).
2. Teig rechteckig ca. ½ cm dick ausrollen und in 6 gleich große Rechtecke schneiden.
3. Für die Fülle den Gervais mit Kräutern verrühren, von dieser Masse Häufchen auf die Teigstücke setzen, zu Quadraten zusammenklappen, Ränder gut andrücken und die Erdäpfeltaschen auf ein befettetes Backblech legen, im vorgeheizten Backofen bei 180 °C Umluft ca. 20 Minuten backen.
4. In der Zwischenzeit für die Sauce die Zwiebel klein schneiden und im Obers aufkochen, die Zucchiniwürfel zugeben und zuletzt die Paradeiserwürfel untermischen, würzen und nach Geschmack mit fein gehackten Kräutern und gepresstem Knoblauch abschmecken, die Gemüsesauce mit den heißen Erdäpfeltaschen servieren.

Superschnelle Gemüsesuppe

Zutaten für 2–3 Portionen

150–200 g gekochte oder gedünstete Gemüsereste • 3 EL Mehl • 2 EL Butter • 500 ml Gemüsesuppe • 4 EL Obers • Salz und Pfeffer • 2 EL Schnittlauchröllchen

1. Das gedünstete Gemüse falls nötig klein schneiden, Mehl in Butter hell anschwitzen, mit der kalten Gemüsesuppe aufgießen, unter ständigem Rühren mit dem Schneebesen kurz aufkochen lassen.
2. Klein geschnittenes Gemüse in die Suppe geben, nochmals aufkochen lassen, mit Obers verfeinern, mit Salz und Pfeffer abschmecken, mit Schnittlauch bestreut servieren.

Erdäpfel-Cordon-Bleu

Zutaten pro Portion
2–3 gekochte Erdäpfel • 1 Ei • 4 EL Mehl • Salz und Pfeffer • geriebene Muskatnuss • 1 Scheibe Schinken • 1 Scheibe Käse • 2 EL Semmelbrösel • 3 EL Butterschmalz

1. Die geschälten Erdäpfel reiben oder mit einer Gabel zerdrücken, das Ei verschlagen und die Hälfte vom Ei zu den Erdäpfeln geben.
2. Das Mehl zur Masse geben, mit Salz, Pfeffer und Muskatnuss würzen, den Teig flach drücken und mit Schinken und Käse belegen.
3. Den belegten Erdäpfelteig zusammenklappen, die Ränder gut verschließen, die Teigtasche mit dem restlichen Ei bestreichen und in den Bröseln wenden.
4. In heißem Butterschmalz ausbacken und mit Salat servieren.

Blattsalat mit Blaukraut-Marinade

Zutaten für 2 Portionen
SALAT: 3 EL Walnüsse (oder andere Nüsse) • 2 Portionen gemischter Blattsalat (Pflücksalat, Vogerlsalat, grüner Salat) • 1 säuerlicher Apfel
MARINADE: 150 g Blaukraut • 1 EL Himbeersirup • 3 EL Balsamico-Essig • Salz und Pfeffer

1. Die Walnüsse in einer Pfanne ohne Öl vorsichtig rösten, bis sie duften, dann rasch aus der Pfanne nehmen und auskühlen lassen.
2. Für die Marinade das Blaukraut sehr fein schneiden, mit dem Himbeersirup und dem Balsamico-Essig leicht erwärmen und mit Salz und Pfeffer abschmecken.
3. Die gewaschenen Blattsalate auf 2 Tellern verteilen, den Apfel in Streifen hobeln und mit dem lauwarmen Blaukraut-Dressing auf den Salatblättern anrichten, mit den Walnüssen bestreuen.

Fitness-Gemüseaufstrich

Zutaten für ca. 350 g

1 Karotte • 1 kleiner säuerlicher Apfel • ½ Paprikaschote • 1 kleine Zwiebel • 1 EL geriebener Kren • 250 g Topfen • 2–3 EL Naturjoghurt (bei Bedarf) • Zitronensaft und -schale • Salz und Pfeffer

1. Karotte und Apfel schälen, fein reiben, Paprikaschote von weißen Adern und Kernen befreien und kleinwürfelig schneiden, Zwiebel schälen und fein hacken.
2. Alle Zutaten gut miteinander vermischen und den Aufstrich mit frischem Schwarzbrot servieren.

Gurkenaufstrich

Zutaten für ca. 300 g

½ Salatgurke • 1–2 Knoblauchzehen • 250 g Topfen • 4 EL Mayonnaise • 2 EL gehackte Dille • Salz

1. Die Gurke waschen und eventuell schälen, danach grob raspeln.
2. Den Knoblauch schälen, pressen und alle Zutaten gut miteinander vermischen, den Aufstrich mit frischem Baguette servieren.

Erdäpfelaufstrich

Zutaten für ca. 500 g

3 gekochte Erdäpfel • 1 kleine Zwiebel • 250 g Topfen • 125 ml Sauerrahm oder Naturjoghurt • Salz und Pfeffer • 3 EL Schnittlauchröllchen

1. Die Erdäpfel schälen und mit der Gabel so fein wie möglich zerdrücken, die fein geschnittene Zwiebel mit den Erdäpfeln, dem Topfen, dem Sauerrahm oder Joghurt verrühren und mit Salz und Pfeffer abschmecken.
2. Vor dem Servieren mit Schnittlauchröllchen bestreuen.

Fitness-
Gemüse-
aufstrich (li.)
& Gurkenaufstrich
(r. o.)

„Gefülltes" Erdäpfelpüree

Zutaten pro Portion
1 EL Butterschmalz • ½ Zwiebel • 150 g Erdäpfelpüree • ca. 50 g Wurst- oder Schinkenreste • 1 EL gehackte Petersilie • 2 EL geriebener Käse

1. Butterschmalz in einem Topf erhitzen, einen Teil davon zum Auspinseln einer kleinen Auflaufform verwenden, im restlichen Butterschmalz die klein geschnittene Zwiebel anrösten, die ebenfalls klein geschnittenen Wurst- oder Schinkenreste kurz mitrösten.
2. Die Zwiebel-Wurstmasse mit der gehackten Petersilie vermischen, die Hälfte vom Püree in die Auflaufform streichen, darauf die Zwiebel-Wurstmasse verteilen, den Rest des Pürees darauf verteilen, mit Käse bestreuen und im vorgeheizten Backofen bei 200 °C ca. 20 Minuten backen, mit Salat servieren.

Schweinstascherln mit Lauch und Brokkoli gefüllt

Zutaten für 4 Portionen
TASCHERLN: 4 Schweinsschnitzel von der Schale à 160 g • etwas Salz und frisch gemahlener Pfeffer • 1 Schweinsnetz • etwas Weißwein und Bratensaft zum Aufgießen • FÜLLE: ½ Brokkolirose • 100 g Lauchblätter • 1 Schalotte • 1 EL Öl • 2 Scheiben altes Toastbrot • 2 Eier • etwas Milch • 2 EL gehackte Petersilie

1. Die Schnitzel leicht klopfen, danach beidseitig mit Salz und Pfeffer würzen.
2. Für die Fülle den Brokkoli in Röschen teilen, die Lauchblätter und Brokkoliröschen putzen, waschen, in Salzwasser blanchieren, mit kaltem Wasser abschrecken, gut abtropfen lassen, die fein gehackte Schalotte im erhitzten Öl goldgelb rösten, das Toastbrot in kleine Würfel schneiden, in einer beschichteten Pfanne goldgelb rösten.
3. Die Eier mit etwas Milch und der Petersilie versprudeln, mit den Toastbrotwürfeln und der Schalotte vermengen, zu einer weichen Fülle verarbeiten und würzen.
4. Schweinsnetz wässern, dann auf einer mit Wasser benetzten Arbeitsfläche ausbreiten, in vier Teile schneiden, jeweils mit einem Schnitzel und Lauchblättern belegen, je ein Viertel der Toastbrot-Eier-Masse darauf verteilen, mit Brokkoliröschen belegen.
5. Schnitzel taschenförmig zusammenklappen, mit dem Schweinsnetz umhüllen, in einer Pfanne beidseitig langsam anbraten, mit etwas Weißwein und Bratensaft aufgießen, auf beiden Seiten insgesamt ca. 20 Minuten bei mittlerer Hitze fertig garen.
6. Die gefüllten Schweinstascherln schräg durchschneiden, anrichten und mit beliebigen Beilagen servieren.

„Gefülltes" Erdäpfelpüree

Beeren-Power

Zutaten für 2 Portionen
½ Salatkopf • 1 Handvoll Giersch (oder auch Löwenzahn oder Brennnesseln) • 1 Handvoll Beeren (Erdbeeren, Himbeeren, Brombeeren – je nach Saison und Belieben) • 1 Hand voll eingeweichte Goji-Beeren • 1 kleines Stück frischer Ingwer • ca. 500 ml Wasser • einige Tropfen Leinöl (oder beliebiges anderes kaltgepresstes Öl)

1. Den Salat und die Kräuter waschen, fein schneiden, die Beeren verlesen und klein schneiden.
2. Alle Zutaten in der Küchenmaschine oder im Standmixer pürieren, nach Geschmack etwas verdünnen und mit Beeren oder Kräutern garniert servieren.

Tipp: Aus Gemüse und Obst, das von längerer Lagerung nicht mehr ganz ansehnlich ist, macht man am besten Smoothies! Wenn man rote Früchte und grünes Gemüse mischt, ergibt das eine Farbe, die zwar nicht sehr schön aussieht, aber umso besser schmeckt dieser „beerige" Smoothie!

Grüner Smoothie

Zutaten für 2 Portionen
½ Kopfsalat (oder Krauthäuptel, Rucola, Vogerlsalat, Chinakohl, gemischt ... je nach Saison und Belieben) • 2 Äpfel (mit Schale und Kerngehäuse verarbeiten) • 1 Hand voll Gartenkräuter (Petersilie, Minze, Zitronenmelisse) • 1 reife Banane • ca. 500 ml Wasser • einige Tropfen Mohnöl (oder beliebiges anderes kaltgepresstes Öl)

1. Salat, Apfel und Kräuter waschen, Banane schälen, dann alle Zutaten fein schneiden und mit dem Wasser und dem Öl im Mixaufsatz der Küchenmaschine oder mit einem Standmixer pürieren.
2. In Gläsern anrichten und mit Kräutern oder Früchten garnieren.

Tipp: Vor allem im Sommer schmecken Smoothies gekühlt besonders gut, deshalb vor dem Servieren für 1 Stunde in den Kühlschrank stellen.

Beeren-Power, wilder & grüner Smoothie

Wilder Smoothie

Zutaten für 2 Portionen
1 Handvoll Brennnesseln • 1 Handvoll Vogelmiere • 1 reife
Birne (mit Schale und Kerngehäuse verarbeiten) • ½ Mango
(oder eine beliebige andere exotische Frucht) • ca. 500 ml
Wasser • einige Tropfen Nussöl (oder beliebiges anderes
kaltgepresstes Öl)

Rezeptfoto
S. 71

1. Brennnesseln, Kräuter und Birne waschen, Mango schälen, die Kräuter fein hacken und die Früchte klein schneiden.
2. Alles mit dem Standmixer oder im Mixaufsatz der Küchenmaschine mixen, eventuell noch etwas Wasser nachgießen, noch einmal aufmixen und in Gläser füllen.
3. Mit Früchten oder Kräutern garniert servieren.

Erdäpfelschnecken

Zutaten für 6–8 Stück
4–5 gekochte Erdäpfel • 120 g Mehl • 1 Ei • Salz • 125 ml Sauerrahm
• 100 g Gemüse-, Wurst- oder Speckreste • frische Kräuter nach Geschmack
• Salz und Pfeffer • eventuell 3 EL geriebener Käse • Öl für das Backblech

1. Die Erdäpfel schälen, reiben oder mit der Gabel zerdrücken, mit Mehl, Ei und Salz zu einem festen Teig verarbeiten.
2. Den Teig nicht zu dünn ausrollen, mit Sauerrahm bestreichen und Gemüse-, Fleisch- oder Wurstreste sowie fein gehackte Kräuter darauf verteilen, würzen und nach Wunsch mit geriebenem Käse bestreuen, den Teig mit der Fülle wie einen Strudel zusammenrollen und ca. 3 cm breite Scheiben von der Rolle abschneiden.
3. Diese auf ein befettetes Backblech oder in eine Bratform setzen und im vorgeheizten Backofen bei 200 °C ca. 20 Minuten backen, bis die Schnecken eine schöne knusprige Kruste haben.

Die Firma Riess hat dankenswerterweise zum Kochen und Fotografieren für dieses Buch zahlreiche Brat- und Backformen zur Verfügung gestellt. www.riess.at

Erdäpfel-
schnecken

Nudelreste

**Nudel-
pfanne
S. 76**

Gekochte Nudeln sollten nicht lange warm gehalten werden. Besser ist es, sie kalt abzuschrecken und bei Bedarf zu erwärmen. Übrig gebliebene bissfest gekochte Nudeln kann man problemlos einfrieren, am besten portionsweise. Sie sind aber auch 2–3 Tage im Kühlschrank haltbar.

Nudelreste kann man vielfältig verwerten, es gibt unzählige Variationen von Nudelaufläufen, Nudelgratins, Nudelpfannen u. v. m. Weiters kann man vom Mittagessen übrig gebliebene Nudeln z. B. gleich am Abend für einen **Nudelsalat** verwenden. Verschiedenste Marinaden (wie Essig-Öl-Marinaden, Joghurt- oder Sauerrahmdressings oder gehaltvollere mit Mayonaise) und zusätzliche Zutaten nach Belieben ergeben vielerlei Geschmacksvarianten. Generell ist bei der Zubereitung von Salaten zu beachten, dass Nudeln beim Durchziehen Flüssigkeit aufnehmen. In der Resteküche sind Nudelsalate sehr beliebt. Denn selbst wenn man keine Nudelreste hat, können auf diese Weise auch andere Reste wie Gemüse, Fisch, Fleisch, Wurst, Käse und sogar Obst sinnvoll verarbeitet werden.

Ebenso sind **Aufläufe** Klassiker in der Resteverwertung und werden aus dem gemacht, was eben gerade da ist. Bei Nudelaufläufen werden neben Resten von allen möglichen gekochten Nudeln frische Zutaten hinzugefügt oder auch andere Reste wie Gemüse-, Fleisch- oder Wurstreste, Reste von Obers, Crème fraîche sowie Eier und Eiklar verwendet. Für einen Auflauf werden die Zutaten in Lagen übereinandergeschichtet oder vermischt in eine Auflaufform gegeben und danach mit einer gut gewürzten Mischung aus Milch, Béchamelsauce oder einer Sauce aus Milchprodukten und Eiern übergossen und im Backofen gegart.

Auch **Gratins** lassen sich gut mit Resten zubereiten. Ein klassisches Gratin hat eine Kruste, beispielsweise eine Käsekruste. Neben Nudelresten sind also auch Käsereste für diese Art von Gericht bestens geeignet. Für Gratins werden die Zutaten in eine flache Form gegeben und überbacken.

Übrig gebliebene Nudeln können aber auch – mit verschiedenen anderen Zutaten versehen – in der Pfanne geröstet werden (Gemüse und Erdäpfel passen ebenso dazu wie Faschiertes, Wurst, Käse oder Eier). **Die einfachste Variante:** Nudelreste in gebräunter Butter erwärmen und mit Kräutern und Gewürzen nach Belieben verfeinern oder mit Zuckerbröseln versehen.

Nudelpfanne

Zutaten pro Portion

1 rote oder gelbe Paprikaschote • 2 Paradeiser • 100 g Garnelen • 2 EL Öl • 150 g gekochte Nudeln • 3 EL Crème fraîche • Salz und Pfeffer • 1 EL gehackte frische Kräuter (z. B. Dill)

Rezeptfoto S. 74

1. Die Paprikaschote von weißen Adern und Kernen befreien und klein schneiden, aus den Paradeisern den Strunk herausschneiden und die Paradeiser ebenfalls klein schneiden.
2. Die Gemüsestücke mit den Garnelen im heißen Öl anbraten, die gekochten Nudeln zugeben und mitbraten, bis sie heiß sind.
3. Mit Crème fraîche verfeinern und mit Salz und Pfeffer sowie frischen Kräutern abschmecken.

Tipp: Anstatt Garnelen kann man für dieses Gericht auch Schinkenreste verwenden.

Nudelpuffer mit Gemüse

Zutaten für 2 Portionen

150 g gekochte Bandnudeln • 250 g Mischgemüse (frisch oder TK-Ware, z. B. Karotten, Erbsen, Paprika, Stangensellerie, Kohlrabi ...) • 2 Eier • 50 ml Obers • frische Petersilie und Basilikum • Salz und Pfeffer • Butterschmalz zum Braten

1. Die gekochten Bandnudeln eventuell ein bisschen zerkleinern, das Mischgemüse in leicht gesalzenem Wasser blanchieren, im Eiswasser abschrecken und gut abtropfen lassen (frisches Gemüse zuvor putzen, waschen, schälen und in kleine Würfel schneiden).
2. Eier und Obers verrühren, mit dem Gemüse, den fein geschnittenen Kräutern und den Bandnudeln vermischen und würzen.
3. In einer beschichteten Pfanne etwas Butterschmalz erhitzen, jeweils 2 EL von der Masse in die Pfanne geben, die Puffer flach drücken und beidseitig goldbraun braten.
4. Die Nudelpuffer zum Abtropfen auf Küchenpapier legen und danach sofort servieren.

Nudelpuffer
mit Gemüse

Bärlauch-Nudelsalat

Zutaten für 2 Portionen

SALAT: 150 g gekochte Nudeln (Schmetterlings- oder Spiralnudeln) • 1 EL Olivenöl • 150 g gelbe und rote Kirschparadeiser • 100 g Frühlingszwiebeln • 2–4 dünne Scheiben Schinkenspeck • eventuell 1–2 Stangen weißer Spargel • 50 g Mozzarella • DRESSING: 100 ml Joghurt • 2 EL fein geschnittener Bärlauch • Salz und Pfeffer • Kristallzucker • etwas Zitronensaft

1. Die gekochten Nudeln mit Olivenöl beträufeln und gut durchmischen.
2. Die Kirschparadeiser waschen und halbieren, Frühlingszwiebeln putzen, waschen und in Ringe schneiden, Schinkenspeck in einer beschichteten Pfanne mit ganz wenig Öl kross braten, auf Küchenpapier abtropfen lassen.
3. Den Spargel schälen, holzige Enden wegschneiden, Spargelstangen roh in dünne Streifen schneiden, Mozzarella in kleine Würfel schneiden und bis auf den Schinkenspeck alles in einer geeigneten Schüssel vermischen.
4. Für das Dressing Joghurt und fein geschnittenen Bärlauch verrühren und mit Salz, Pfeffer, Zucker und Zitronensaft würzen, über die Nudeln gießen, gut vermischen und mit dem kross gebratenen Schinken vollenden.

Tipp: Bärlauch und Spargel kann man außerhalb der Saison durch Knoblauch bzw. durch Schwarzwurzeln ersetzen.

Nudelsalat mit Thunfisch

Zutaten für 2 Portionen

200 g gekochte Nudeln • 1 kleine Zwiebel • 1 Paprikaschote • 1 Stück Salatgurke • 2 Paradeiser • 1 Dose Tunfisch (oder Shrimps) • DRESSING: 5 EL Mayonnaise • 2 EL Weißweinessig • 2 EL Wasser • Salz und Pfeffer • 2 EL Schnittlauchröllchen

1. Für das Dressing in einer Schüssel Mayonnaise, Essig, Wasser, Salz und Pfeffer sowie die Schnittlauchröllchen gut verrühren.
2. Die gekochten Nudeln und das klein geschnittene Gemüse dazugeben, den Thunfisch abtropfen lassen und ebenfalls in die Schüssel geben.
3. Alle Zutaten vermischen und vor dem Servieren mindestens eine Stunde durchziehen lassen, noch einmal gut durchmischen, abschmecken und bei Bedarf noch etwas Essig und Wasser hinzufügen.

Bärlauch-
Nudelsalat

Überbackene Nudeln mit Schinken

Zutaten für ca. 3 Portionen
1 kleine Zwiebel • 100 g Champignons • 1 Knoblauchzehe • 150 g Koch-
schinkenreste (z. B. übrig gebliebener Osterschinken) • 1 EL Olivenöl
• Salz und Pfeffer • 1 EL Paradeisermark • 1 Prise Oregano • 200 g gekochte
Bandnudeln oder Linguine • 50 g geriebener Emmentaler • Butter für die
Form • ÜBERGUSS: 200 ml Sauerrahm • 1 Eidotter • 10 g Speisestärke
• 20 g Butter zum Beträufeln • 50 g geriebener Emmentaler

1. Zwiebeln schälen und fein hacken, Champignons putzen, waschen und blättrig schneiden, Knoblauch schälen und fein hacken, die Schwarte vom Schinken schneiden, den Schinken in kleine Stücke schneiden, in erhitztem Öl mit Zwiebeln und Knoblauch kurz anbraten, danach die Champignons zugeben, salzen und unter öfterem Umrühren durchrösten, Paradeisermark, Oregano und Pfeffer beigeben und gut verrühren, danach vom Herd nehmen.
2. Für den Überguss Sauerrahm mit Eidotter und Speisestärke glatt verrühren, beiseitestellen.
3. Eine Schicht gekochte Nudeln in die mit Butter befettete Form füllen, einen Teil des Zwiebel-Schinken-Gemisches darübergeben und mit etwas Käse bestreuen, diesen Vorgang so oft wiederholen, bis alle Zutaten aufgebraucht sind.
4. Dann die Nudeln mit dem Sauerrahmgemisch übergießen, den Auflauf mit einer Gabel etwas auflockern, damit die Nudeln nicht zu sehr zusammenkleben und mit zerlassener Butter beträufeln, mit dem restlichen geriebenen Käse bestreuen, danach im vorgeheizten Backofen bei 200 °C 25–30 Minuten backen, bis die Oberfläche schön gebräunt ist.

**Tipp: Der Kochschinken kann durch Geselchtes, Speck- oder Aufschnitt-
reste ersetzt werden. Auch Braten- oder Fischreste passen gut. Vegetarier
verwenden stattdessen beliebiges gedünstetes Gemüse. Den Überguss kann
man ebenfalls abändern: 125 ml Milch erhitzen, darin 50 g Schmelzkäse
oder Parmesan auflösen, 80 g geriebenen Emmentaler dazugeben und unterrühren, diese Mischung über die Nudeln gießen und wie oben beschrieben
fortfahren.**

Überbackene
Nudeln mit
Schinken

Nudelauflauf mit Gemüse

Zutaten für 2 Portionen
2 Tassen gekochte Nudeln (ca. 180 g) • *½ Zwiebel* • *Öl zum Anbraten*
• *100 g Champignons* • *1 Tasse gekochtes Mischgemüse (ca. 100 g)* • *1 Ei*
• *125 ml Obers* • *3 EL geriebener Käse* • *Salz und Pfeffer* • *1 EL fein gehackte Petersilie* • *Butter oder Öl für die Form*

1. In eine befettete Auflaufform die Hälfte der gekochten Nudeln verteilen, die Zwiebel fein schneiden, im heißen Öl mit den blättrig geschnittenen Champignons anrösten, auch das gekochte Gemüse kurz mitrösten.
2. Die Gemüsemischung auf den Nudeln verteilen, dann die restlichen Nudeln daraufgeben.
3. Das Ei mit Obers, Käse und Gewürzen verrühren und darübergießen, den Auflauf bei 180 °C ca. 30 Minuten goldbraun backen.

Kalbsrouladen mit Nudelfülle

Zutaten für 4 Portionen

• *4 Kalbsschnitzel (à 150 g)* • *Salz und Pfeffer* • *3 EL Öl* • *FÜLLE: ½ Bund Petersilie* • *150 g gekochte Spaghetti* • *2 Eidotter* • *40 g geriebener Parmesan* • *SAUCE: 50 g durchzogener Hamburger Speck* • *1 mittlere Zwiebel* • *1 Knoblauchzehe* • *¼ Sellerieknolle* • *1 Petersilienwurzel* • *1 Karotte* • *2 EL Öl* • *1 EL glattes Mehl* • *5 EL Paradeisermark* • *125 ml Weißwein* • *Salz und Pfeffer* • *etwas Thymian und Oregano* • *Rindsuppe zum Aufgießen*

1. Für die Sauce den Speck von der Schwarte schneiden und klein würfeln, Zwiebel schälen und fein hacken, Knoblauch schälen und zerdrücken, das Wurzelwerk waschen, schälen und in kleine Würfel schneiden.
2. Öl erhitzen, Speck, Zwiebel und Wurzelwerk beifügen und etwas anrösten, Mehl darüberstauben und ebenfalls leicht anrösten, Paradeisermark unterrühren und alles mit Weißwein ablöschen.
3. Zuletzt mit Knoblauch, Salz, Pfeffer, Thymian und Oregano würzen, mit Rindsuppe aufgießen und auf kleiner Flamme etwa 15 Minuten kochen lassen, danach falls gewünscht pürieren und beiseitestellen.
4. Für die Fülle die Petersilie waschen und fein hacken, die Hälfte der Sauce unter die gekochten Spaghetti mengen, Eidotter, Petersilie und Parmesan einrühren.
5. Die Kalbsschnitzel auf beiden Seiten mit Salz und Pfeffer würzen, die Fülle auf den Schnitzeln verteilen, die Schnitzel einrollen und mit Küchenspagat zusammenbinden.
6. In einer passenden Pfanne 3 EL Öl erhitzen und die Rouladen darin rundum anbraten, danach herausnehmen und warm stellen.
7. Bratensaft entfetten und mit der restlichen Sauce aufgießen, die Rouladen wieder einlegen und in der Sauce ca. 30 Minuten weich dünsten.
8. Vor dem Servieren die Rouladen aufschneiden, mit der Sauce und beliebigem gedünstetem Gemüse servieren.

Nudelsalat mit Ziegenkäse, Gemüse und Mohn

Zutaten für 2 Portionen

SALAT: 180 g gekochte Nudeln (Bandnudeln oder Penne) • *80 g Ziegenkäse* • *1 Jungzwiebel* • *½ Salatgurke* • *2 Paradeiser* • *MARINADE: 2 EL Traubenkernöl* • *1–2 EL Traubenessig* • *Salz* • *½ Pfefferoni* • *2 EL gemahlener Mohn*

1. Die gekochten Nudeln in eine große Schüssel geben, Ziegenkäse in Würfel schneiden, Jungzwiebel und Salatgurke putzen, waschen und klein schneiden, Paradeiser schälen, entkernen und in Spalten schneiden.
2. Ziegenkäse, Jungzwiebel und Gurke mit den Paradeisern zu den Nudeln geben und vorsichtig untermischen.
3. Für die Marinade Öl, Essig, Salz und fein geschnittenen Pfefferoni in einer Schüssel verrühren, die Marinade über den Nudelsalat gießen, Mohn darüberstreuen, untermischen und abschmecken.

Karamellisierte Obstnudeln

Zutaten pro Portion
2 EL Zucker • 1 EL Butter • 2 Äpfel (oder anderes Obst) • 150 g gekochte Nudeln (Hörnchen, Fleckerln oder Schmetterlingsnudeln) • Zimt und Zucker zum Bestreuen

1. Zucker in der heißen Butter schmelzen lassen, bis er karamellisiert.
2. Die geschälten, vom Kerngehäuse befreiten Äpfel klein schneiden, Apfelwürfel kurz im karamellisierten Zucker schwenken.
3. Die gekochten Nudeln daruntermischen und weiterschwenken, bis die Nudeln heiß sind, dann mit Zimt und Zucker bestreut servieren.

Bröselnudeln mit Vanillesauce

Zutaten für 1–2 Portionen
NUDELN: 1 EL Butter • 3 EL Semmelbrösel • 180 g gekochte Nudeln (am besten Bandnudeln) • Staubzucker zum Bestreuen • SAUCE: 1 EL Vanillepudding-pulver • Zucker nach Geschmack • 250 ml Milch

1. Die Butter in einer Pfanne zerlassen, sobald sie heiß ist, die Semmelbrösel dazugeben und kurz rösten.
2. Die Nudeln zu den Semmelbröseln geben und so lange braten, bis die Nudeln heiß sind, dabei aufpassen, dass die Semmelbrösel nicht zu dunkel werden.
3. Für die Vanillesauce das Puddingpulver und den Zucker in der Milch verrühren, unter ständigem Rühren aufkochen lassen.
4. Die fertige Vanillesauce auf einen großen, flachen Teller gießen und darauf die heißen Nudeln anrichten, nach Geschmack mit Staubzucker bestreuen und sofort servieren.

Tipp: Man kann die Nudeln auch mit Zimt oder mit geriebener Schokolade bestreuen und statt der Vanillesauce Kompott oder Erdbeermus dazu reichen.

Karamel-
lisierte
Obstnudeln

Reis- & Getreidereste sowie Hülsenfrüchte

Gebratener Eierreis S. 88

Sehr oft kommt es vor, dass man für die Beilage einfach zu viel Reis, Buchweizen, Couscous, Dinkelreis, Bulgur etc. gekocht hat. Diese Reste sollte man keineswegs wegwerfen, lassen sich doch daraus viele köstliche neue Gerichte zaubern.

Wichtig ist, darauf zu achten, dass die übrig gebliebenen Reste rasch abkühlen (dafür eventuell mit kaltem Wasser abspülen), da sich bei längerem Warmhalten unerwünschte Bakterien bilden können. Dann kann man sie im Kühlschrank 2–3 Tage aufbewahren oder einfrieren.

Gekochten Reis etc. kann man einfach über Dampf oder in etwas Butter erwärmen und nochmals als Beilage verwenden, diese Beilagenreste sind aber auch bestens als Füllung für Gemüse oder für Strudel geeignet, wenn man sie mit Faschiertem, Fleisch, Gemüse, Eiern, Milchprodukten etc. vermischt. Sehr gut schmecken die Reste von Reis & Co mit verschiedensten weiteren Zutaten als Kroketten, Puffer, Aufläufe oder in der Pfanne gebraten.

Gekochter Reis und **Getreide** enthält Stärke und ist daher zum Binden von Saucen und Suppen sehr gut geeignet, dient aber – wiederum mit anderen frischen Zutaten ganz nach persönlichem Geschmack – auch als Grundlage für schnelle Cremesuppen.

Außerdem lassen sich daraus mit frischem Gemüse, Fisch- oder Bratenresten kombiniert sättigende Salate zubereiten.

Wenn für einen Salat oder einen Eintopf zu viele **Hülsenfrüchte** wie verschiedene Bohnen oder Linsen gekocht wurden und man nicht alles verbraucht, kann man aus diesen Resten natürlich am nächsten Tag einen frischen Salat zubereiten. Wer aber Abwechslung liebt, macht etwas anderes daraus. Denn ebenso wie die oben erwähnten Beilagen können sie für vielerlei andere Speisen verwendet werden. So können daraus je nach den zusätzlich verwendeten Produkten variantenreiche Knödel, Puffer, Tortillas oder sogar Braten (gemischt mit Faschiertem) entstehen.

Gebratener Eierreis

Zutaten für 2 Portionen
2 Karotten • *150 g Erbsen* • 150 g Fischfilet • 1 EL Erdnussöl
• *150 g gekochter Reis* • 2 Eier • 3 EL Sojasauce • Salz

Rezeptfoto
S. 86

1. Die Karotten schälen und in kleine Würfel schneiden, mit den Erbsen in Salzwasser blanchieren, dann abseihen.
2. Das Fischfilet in mundgerechte Stücke schneiden, in einer Pfanne Erdnussöl erhitzen die Fischstücke und das Gemüse darin kurz anbraten, dann den Reis hinzufügen und mitbraten.
3. Die Eier mit der Sojasauce verschlagen und über den Reis gießen, unter gelegentlichem Rühren stocken lassen, falls nötig mit Salz abschmecken.

Rote Rüben mit Fleisch-Reis-Fülle und Krensauce

Zutaten für 2 Portionen
4 kleine Rote Rüben • 120 g Putenbrustfilet • 1 EL fein gehackte Petersilie • 1 EL Schnittlauchröllchen • 2 EL Obers • Salz und Pfeffer • 1 Prise Kreuzkümmel • *100 g gekochter Reis* • SAUCE: 250 g Crème fraîche • *1 kleiner Apfel* • 50 g Kren • 1 Prise Zucker

1. Rote Rüben waschen und ca. 35 Minuten kochen, Putenbrustfilet waschen, trocken tupfen und klein schneiden.
2. Petersilie und Schnittlauch mit dem Fleisch in einem leistungsstarken Standmixer fein hacken, Obers unterrühren und alles mit Salz, Pfeffer und Kreuzkümmel würzen.
3. Gekochten Reis auflockern und unter die Fleisch-Kräuter-Farce heben.
4. Rote Rüben abseihen, abkühlen lassen und schälen, einen Deckel abschneiden und die Knollen bis auf einen 1 cm breiten Rand aushöhlen (das Innere anderweitig verwenden).
5. Fleisch-Reis-Fülle in die Knollen geben und die Deckel wieder aufsetzen, eng in einen Topf mit wenig Salzwasser schlichten und etwa 20 Minuten sanft garen.
6. Crème fraîche erwärmen, Apfel waschen und grob raspeln, Kren schälen, waschen und fein reiben, beides in die Crème fraîche rühren, mit Salz und Zucker würzen, zu den gefüllten Roten Rüben servieren.

Rote Rüben mit Fleisch-Reis-Fülle

Gemüsesuppe mit Reis und Bohnen

Zutaten für 2 Portionen
2 Karotten • 1 Kohlrabi • 2 Erdäpfel • einige Kohlblätter (Wirsingblätter)
• 1 EL Butter • 1 Zwiebel • 1 Knoblauchzehe • ½ EL Paradeisermark
• 250 ml Gemüsesuppe oder Wasser • ½ TL Oregano • Salz und Pfeffer
• 100 g weiße Bohnen (Dose) • 100 g gekochter Reis

1. Das Gemüse schälen und in Stifte schneiden, die Kohlblätter waschen und in Streifen schneiden.
2. Butter in einem Topf erhitzen, fein gehackte Zwiebel, gepressten Knoblauch und Gemüsestifte darin anschwitzen und kurz dünsten, Paradeisermark zugeben, verrühren und mit Gemüsesuppe aufgießen, würzen und zugedeckt 10 Minuten köcheln lassen, dann die Kohlstreifen zugeben und weitere 5 Minuten köcheln lassen.
3. Die Bohnen in einem Sieb mit kaltem Wasser abspülen, kurz vor Ende der Garzeit mit dem gekochten Reis in die Suppe geben und aufkochen lassen, abschmecken und anrichten.

Reispuffer

Zutaten für 2 Portionen
150 g gekochter Reis • 100 g Mehl • 1 Ei • 100 g Schinkenwürfel
• 125 ml gewässerte Milch • Salz • Öl oder Butterschmalz zum Braten

1. Alle Zutaten vermischen (falls die Masse zu fest ist, noch etwas gewässerte Milch zugeben), kurz durchziehen lassen, das Öl oder das Butterschmalz in einer Pfanne erhitzen.
2. Mit einem Löffel kleine Häufchen der Masse in die Pfanne setzen, etwas flach drücken und die Puffer goldgelb und knusprig ausbacken.

Tipp: Dieses Reisgericht kann man mit beliebigen anderen Resten (Hendlfleisch, Gemüse, Fisch, Käse ...) variieren. Man kann auch Kroketten aus der Masse formen und diese vor dem Ausbacken in Semmelbröseln wälzen.

Gemüsesuppe
mit Reis und
Bohnen

Hirse-Kürbis-Pfanne

Zutaten für 2–3 Portionen

500 g Kürbis (Muskat oder Hokkaido) • 2 Knoblauchzehen • 1 EL Butter • 150 g gekochte Hirse • je ½ EL Basilikum, Petersilie und Majoran (fein geschnitten) • Salz und Pfeffer • Kümmelpulver • 50 g Schmelzkäse

1. Den Kürbis schälen, Kerne entfernen und das Fruchtfleisch in mundgerechte Stücke schneiden, Knoblauch schälen und klein schneiden.
2. Butter in einer geeigneten Pfanne schmelzen und die Kürbisstücke darin ca. 10 Minuten bei mittlerer Hitze dünsten.
3. Gekochte Hirse zugeben, Kräuter und Gewürze untermengen, danach den Schmelzkäse unterrühren, abschmecken und heiß servieren.

Tipp: Auch übrig gebliebenen Couscous oder Bulgur kann man auf diese Weise verwerten.

Naturreispuffer mit Frischkäsedip

Zutaten für 2 Portionen

PUFFER: 200 g gekochter Natur- oder Dinkelreis • 100 g Zucchini • ½ EL gehackte Petersilie • 1 Eidotter • ca. 1 EL Vollkornbrösel • Salz und Pfeffer • 1–2 EL Rapsöl zum Braten • DIP: ½ grüne oder gelbe Paprikaschote • 100 g Frischkäse • je ½ EL gehackter Dill und Petersilie • 1 EL Obers • Salz und Pfeffer • Salatblätter und Paradeiserspalten zum Garnieren

1. Den gekochten Natur- oder Dinkelreis in einer Schüssel mit einer Gabel auflockern.
2. Zucchini waschen und fein raspeln, zum Reis geben, Petersilie, Eidotter und Vollkornbrösel ebenso zugeben und alles gut vermengen, mit Salz und Pfeffer würzen.
3. Für den Dip die Paprikaschote von weißen Adern und Kernen befreien und in kleine Würfel schneiden.
4. Den Frischkäse in einer Schüssel mit den Paprikawürfeln, den Kräutern und dem Obers zu einem cremigen Dip verrühren, mit Salz und Pfeffer würzen.
5. Das Öl in einer Pfanne erhitzen, aus der Reismasse kleine, flache Laibchen formen und auf beiden Seiten knusprig braten, herausnehmen, auf Küchenpapier abtropfen lassen und mit Dip, Salatblättern und Paradeiserspalten servieren.

Hirse-
Kürbis-
Pfanne

Linsenknödel mit Koriander

Zutaten für 2 Portionen

180 g gekochte rote Linsen • *2 TL Paradeisermark* • *1 kleines Stück Chilischote (nach Belieben frisch oder getrocknet)* • *70 g Couscous* • *½ Zwiebel* • *Olivenöl* • *1 EL fein gehackter Koriander* • *1 EL fein gehackte Petersilie* • *½ TL Kreuzkümmelpulver* • *Salz* • *1 Spritzer Zitronensaft*

1. Gekochte Linsen mit Paradeisermark und fein gehackter Chilischote vermischen.
2. Couscous in eine Schüssel geben, Linsenmischung dazugeben, gut verrühren, mindestens 30 Minuten ziehen lassen, damit der Couscous quellen kann.
3. In der Zwischenzeit die Zwiebel fein hacken und in ein wenig Olivenöl anschwitzen.
4. Dann Zwiebel, Kräuter und Gewürze unter die Linsen-Couscous- Mischung mengen und gut umrühren, mit Salz und Zitronensaft abschmecken.
5. Aus der Masse kleine Knödel formen und auf ein mit Backpapier belegtes Blech legen, im vorgeheizten Backofen bei ca. 180 °C 10–15 Minuten „trocknen" lassen.

Tipp: Dazu passt ein Dip aus Topfen, Joghurt oder Sauerrahm. Die Knödel kann man statt dem Trocknen im Backofen auch rundum in etwas Öl anbraten, so schmecken sie auch hervorragend.

Gefülltes Gemüse

Zutaten für 2 Portionen

GEMÜSE: 1 Zucchino • *1 Paprikaschote* • *2 Karotten* • *150 g gekochter Reis* • *2 Eier* • *4 EL geriebener Käse* • *2 EL gehackte Petersilie* • *Salz und Pfeffer* • *Butter für die Form* • *SAUCE: 3 EL Paradeisermark* • *150 ml Obers*

1. Den Zucchino längs halbieren und mit einem Löffel aushöhlen (der verbleibende Rand soll ca. 1 cm breit sein), die Paprikaschote längs halbieren und von weißen Adern und Kernen befreien.
2. Die Karotten schälen und reiben, das Innere vom Zucchino klein schneiden und mit den Karottenraspeln und dem gekochten Reis vermischen.
3. Die Reis-Gemüsemasse mit den Eiern, dem Käse und der Petersilie vermischen und pikant würzen, die Fülle in die Paprikaschoten- und die Zucchinihälften füllen, diese in eine befettete Auflaufform setzen.
4. Das Paradeisermark mit dem Obers verrühren und das Gemüse damit untergießen, im vorgeheizten Backofen bei 200 °C ca. 35 Minuten garen.

Linsen-
knödel mit
Koriander

Getreidebratlinge mit Käse

Zutaten für 2 Portionen
150 g gemischte Getreidereste • 250 ml Gemüsesuppe (Wasser mit Suppen-
würfel) • 1 Ei • 80 g Käse (Gouda oder Österzola) • 1–2 EL Semmelbrösel
• ½ EL fein geschnittene Petersilie • Salz und Pfeffer • Thymian, Kreuzkümmel, Kurkuma und Paprikapulver nach Geschmack • Rapsöl zum Braten*

1. Getreidereste je nach Sorte garen bzw. quellen lassen (Getreidekörner, Hirse oder
   Amaranth etc. in der Gemüsesuppe kochen, Getreideschrot, Getreideflocken oder
   Couscous usw. zu den gekochten Getreidekörnern hinzufügen, quellen und danach
   auskühlen lassen).
2. Das Ei zum Getreide geben, den Käse auf die Masse reiben, Semmelbrösel, Petersilie und die Gewürze zugeben und gut vermischen, 15 Minuten ziehen lassen.
3. Aus der Masse (am besten mit nassen Händen) kleine Fladen formen, in einer beschichteten Pfanne etwas Öl erhitzen, Fladen einlegen und auf beiden Seiten goldgelb braten.

*** Verwenden Sie an Getreideresten, was gerade vorhanden ist (Dinkelreis, ge-
mischten Getreideschrot, Getreideflocken, aber auch Couscous, Hirse usw.).**

Texasbraten mit roten Bohnen und Mais

Zutaten für 2–3 Portionen
*300 g gemischtes Faschiertes • 1 Semmel vom Vortag • 1 Ei • 1 Zwiebel
• 1 Knoblauchzehe • Salz und Cayennepfeffer • etwas Ingwerpulver
• ca. 100 g rote Bohnen aus der Dose • ca. 100 g Maiskörner aus der Dose
• 2 EL Öl • etwas Rindsuppe*

1. Faschiertes, eingeweichte und ausgedrückte Semmel, Ei, fein gehackte Zwiebel
   sowie gepressten Knoblauch gut vermischen, kräftig mit Salz, Cayennepfeffer und
   Ingwer würzen, Masse gut durchkneten.
2. Die roten Bohnen und den Mais abgießen und in die Fleischmasse einarbeiten, die
   Fleischmasse länglich formen, in eine Bratform setzen und mit Öl bestreichen, im
   vorgeheizten Backofen bei 200 °C ca. 45 Minuten braten, dabei nach und nach
   etwas Suppe zugießen und den Braten damit übergießen.
3. Den fertigen Braten aus dem Ofen nehmen, in Scheiben schneiden, mit der Braten-
   sauce und einem Salat anrichten.

Getreide-
bratlinge
mit Käse

Rollgerste mit Schimmelkäse, Birnen und Walnüssen

Zutaten für 1–2 Portionen

100 g Schimmelkäse • 2 Birnen • 1 EL Olivenöl • ½ EL Butter • ½ Jungzwiebel • 1 Knoblauchzehe • 50 ml Weißwein • 150 g gekochte Rollgerste • 30 g grob gehackte Walnusskerne • ½ EL gehackte Kräuter (z. B. Majoran) • Salz und Pfeffer

1. Schimmelkäse zerbröseln, Birnen waschen, eine zum Garnieren mit der Schale in Spalten schneiden, das Kerngehäuse entfernen, die zweite schälen, halbieren, vom Kerngehäuse befreien und in kleine Würfel schneiden.
2. Olivenöl und Butter in einer geeigneten Pfanne erhitzen, klein geschnittene Jungzwiebel, Knoblauchzehe und Birnenstücke zugeben, schwenken und mit Weißwein ablöschen.
3. Die gekochte Rollgerste in die Pfanne geben, durchschwenken und den zerbröselten Käse, Walnüsse und Kräuter unterrühren, mit Salz und Pfeffer würzen und abschmecken, auf Tellern anrichten und mit den Birnenspalten garnieren.

Reis-Mais-Laibchen

Zutaten für 2–3 Portionen

100 g gekochter Reis • 100 g Maiskörner aus der Dose • ½ Zwiebel • 100 g Lauch • 150 g Karotten • ½ Bund Petersilie • 30 g Parmesan • Salz und Pfeffer • 30 g Butter • 1 Ei • Semmelbrösel zum Binden • Öl zum Braten

1. Den gekochten Reis in eine Schüssel geben und auflockern, Mais gut abtropfen lassen und untermengen, Zwiebel schälen und hacken, Lauch waschen, putzen und in feine Ringe schneiden, Karotten waschen, schälen und auf einer Küchenreibe grob raspeln, Petersilie waschen und fein hacken, Parmesan reiben.
2. Geschnittene und geraspelte Zutaten zum Reis-Mais-Gemisch geben, vermengen, mit Salz und Pfeffer würzen, zimmerwarme Butter mit etwas Salz und Ei schaumig rühren, gut mit der Reis-Gemüse-Masse vermengen, mit Semmelbröseln binden.
3. In einer Pfanne Öl erhitzen, aus der Reis-Mais-Masse Laibchen formen und in das heiße Öl einlegen, auf beiden Seiten goldgelb braten, danach auf Küchenpapier gut abtropfen lassen.

Roll-
gerste mit
Schimmel-
käse

Eier, Milchprodukte- & Käsereste

Eier im Nest
S. 102

Milchprodukte sind fast in jedem Kühlschrank zu finden. Oft sind in Rezepten kleine Mengen von Sauerrahm, Obers oder Crème fraîche angegeben, und schon steht ein angebrauchter Becher mit einem Milchprodukt da, das geöffnet recht schnell verdirbt. Deshalb sollten diese Reste möglichst rasch verwendet werden, was aber kein Problem darstellt – weil eben für viele Rezepte nur geringe Mengen dieser Produkte benötigt werden!

So können zum Beispiel Obersreste für die typische Mühlviertler Rahmsuppe verwendet werden (gesalzenes Kümmelwasser aufkochen, dann mit Mehl verrührtes Obers einrühren und kurz aufkochen, mit einem gekochten Erdapfel oder einem pochierten Ei und Schwarzbrotschnitten servieren). Obersreste kann man auch portionsweise einfrieren (z. B. in Eiswürfelbehältern) und bei Bedarf zur Verfeinerung von Suppen, Saucen, Obstsalaten usw. verwenden. Sauerrahm- oder Crème fraîche-Reste können mit geriebenem Käse vermischt und auf einem Gratin verteilt werden, bevor dieses überbacken wird.

Auch bei **Käse** fallen oft Reste an, weil v. a. kleine Schnitt- oder Hartkäsestücke, wenn sie nicht unter optimalen Bedingungen gelagert werden, leicht hart werden können. Aber harte Käsereste (sofern sie nicht schimmelig sind) kann man reiben und zum Überbacken verwenden, Weichkäsereste verleihen Suppen oder Saucen einen geschmacklichen Kick sowie eine bessere Bindung und Cremigkeit. **Einfach & gut:** Toastbrot mit geriebenem Käse bestreuen und überbacken – das ergibt eine ausgezeichnete Suppeneinlage. **Käseknabberei:** Käse fein reiben, mit Kümmel nach Geschmack vermischen und mit einem Teelöffel Häufchen auf ein mit Backpapier ausgelegtes Blech setzen, bei 200 °C backen, bis die Ränder braun werden.

Vor allem nach Ostern kommt es oft vor, dass man nicht weiß, was man mit all den **gekochten Eiern** anfangen soll. Zwar können sie im Kühlschrank etwa vier Wochen gelagert werden, aber besser ist es, sie zu verschiedenen Saucen, Salaten oder Aufstrichen zu verarbeiten. Auch als gefüllte Eier oder als Reste-Zutat für Aufläufe, Sandwiches, Toasts usw. bieten sie Abwechslung.

Manchmal bleibt beim Kochen und Backen **Eiklar** übrig, weil man nur die Eidotter braucht. Eiklar ist im Kühlschrank maximal zwei Tage haltbar, lässt sich aber sehr gut einfrieren (Menge und Datum aufschreiben). Allerdings kann man diese Reste-Zutat für allerlei Gerichte nutzen, z. B. für Suppen-Eintropf, Hexenschaum, Windgebäck, Makronen, Eiweißglasur, zum Binden von Fleisch- und Knödelmassen, zusätzlich zur Eierspeise, für Schneenockerln, eine Schneehaube auf Kuchen und Aufläufen usw.

Eier im Nest

Zutaten für 2 Portionen
2 Putenschnitzel • 2 hart gekochte Eier • 2 Blatt Schinken • Salz und Pfeffer • 2 EL Mehl • 1 EL Butterschmalz • ½ Zwiebel • 125 ml Obers • ½ EL Petersilie • 2 Portionen Naturreis

Rezeptfoto S. 100

1. Die Putenschnitzel plattieren, die Eier schälen und in je ein Blatt Schinken und ein Putenschnitzel einschlagen, mit Zahnstochern fixieren.
2. Das Fleisch würzen und im Mehl wenden, dann in heißem Butterschmalz rundum anbraten, die geschälte halbe Zwiebel ebenfalls anbraten, danach mit 250 ml Wasser aufgießen und das Fleisch weich dünsten.
3. Die gefüllten Schnitzel aus der Pfanne nehmen, Obers in die Pfanne gießen und die Sauce mit der Zwiebel pürieren (mit dem Mixstab), mit Salz und Pfeffer abschmecken.
4. Beim Anrichten die Schnitzel halbieren, so dass die Eier sichtbar werden, die halbierten Schnitzel in Nester aus gekochtem Naturreis setzen, mit Petersilie bestreuen und mit der Sauce servieren.

Überbackenes Eierbrot

Zutaten für 2 Portionen
2 hart gekochte Eier • 100 g Schinken (oder Wurstreste) • 100 g Käsereste • ½ kleine Zwiebel • 100 g geriebene Zucchini • 1 kleine geriebene Karotte • 1 rohes Ei • 125 ml Sauerrahm • 1 TL getrockneter Oregano • Salz und Pfeffer • 1 kleines Baguette vom Vortag

1. Die Eier schälen und fein hacken, Schinken und Käse in kleine Würfel schneiden, die Zwiebel sehr fein schneiden.
2. Alles mit dem geriebenen Gemüse, dem rohen Ei, dem Sauerrahm sowie den Gewürzen verrühren.
3. Das Baguette halbieren und quer durchschneiden, so dass 4 Teile entstehen, diese mit dem Ei-Schinken-Gemüse-Gemisch bestreichen und im vorgeheizten Backofen bei 220 °C Oberhitze überbacken, bis der Belag eine goldbraune Farbe hat, mit Salat und eventuell einem Dip servieren.

Überbackenes
Eierbrot

Käseschnitzel

Zutaten für 2 Portionen
2 Schweinsschnitzel • 100 g geriebener Käse (gemischte Reste, gerne würzig)
• 1 Prise Salz • 1 EL frische Kräuter nach Geschmack (oder ½ TL getrocknete
Kräuter) • 125 ml Schlagobers

1. Die Schweinsschnitzel mit der flachen Seite des Schnitzelklopfers plattieren, eine Auflaufform oder Bratpfanne mit knapp der Hälfte des Käses ausstreuen, die Schnitzel darauflegen, nur leicht salzen, mit Kräutern nach Geschmack bestreuen.
2. Nun die Schnitzel mit dem restlichen Käse bestreuen und das Obers in die Auflaufform oder Bratpfanne gießen.
3. Die Schnitzel im auf 200 °C vorgeheizten Backofen ca. 35 Minuten garen.

Tipp: Dazu schmecken Basmatireis und Salat.

Eier im Speckmantel

Zutaten für 2 Vorspeisen-Portionen
2 hart gekochte Eier • 2 Scheiben Hamburger Speck • ½ Stange Lauch • ½ EL Öl
• 2 Paradeiser • Salz und Pfeffer • ½ EL Butterschmalz

1. Die Eier schälen und mit je einer Scheibe Speck umwickeln, den Speck mit Zahnstochern fixieren.
2. Den Lauch waschen und in dünne Ringe schneiden, diese in Öl andünsten, die geschälten und klein geschnittenen Paradeiser zugeben und mitdünsten, mit Salz und Pfeffer abschmecken.
3. Die umwickelten Eier in Butterschmalz rundum knusprig braten und auf dem Lauch-Paradeiser-Gemüse anrichten.

Käse-
schnitzel

Eingelegte Eier

Zutaten für 1 Glas (ca. 250 ml)
2 hart gekochte Eier • 1 Knoblauchzehe • eventuell ½ Chilischote • Essiggurkerlsud von einem Glas Essiggurken

1. Eier schälen und mit der geschälten Knoblauchzehe (nach Geschmack auch mehr) und falls gewünscht der halben Chilischote in den Essiggurkerlsud so einlegen, dass die Eier mit dem Sud bedeckt sind.
2. Die Eier für mindestens 4–5 Tage im Kühlschrank durchziehen lassen.

Tipp: Die Eier halten sich im Kühlschrank zwei Wochen.

Eiaufstrich

Zutaten für ca. 400 g
2 hart gekochte Eier • 250 g Topfen (20 % F. i. Tr.) • 125 ml Crème fraîche • Salz und Pfeffer

1. Die Eier schälen und fein hacken, mit Topfen und Crème fraîche verrühren und mit Salz und Pfeffer abschmecken, mit beliebigem Gebäck servieren.

Aufstrich nach Liptauer Art

Zutaten für ca. 400 g
2 hart gekochte Eier • 1 Pfefferoni • 250 g Topfen (20 % F. i. Tr.) • 125 ml Sauerrahm • ½ EL edelsüßes Paprikapulver • etwas Bier • Salz und Pfeffer

1. Die Eier schälen und fein hacken, Pfefferoni von weißen Adern und Kernen befreien und fein hacken, mit Topfen und Sauerrahm verrühren und mit Paprikapulver, Bier, Salz und Pfeffer abschmecken, mit frischem Roggenbrot servieren.

Erbsencremesuppe mit Minze

Zutaten für 4 Portionen
*1 Zwiebel • 2 EL Butter • 500 g Erbsen • 1 l Gemüsesuppe • einige Minze-
blätter • 100 g Crème fraîche • 2 EL Obers • Salz und Pfeffer • geriebene
Muskatnuss • 4 Minzekronen zum Garnieren*

1. Zwiebel schälen und fein schneiden, Butter in einem geeigneten Topf erhitzen,
   Zwiebel zugeben und hell anschwitzen.
2. Erbsen, Gemüsesuppe und fein gehackte Minzeblätter zugeben, aufkochen und
   15 Minuten köcheln lassen.
3. Die Suppe pürieren und durch ein Sieb passieren, Crème fraîche und Obers mit
   dem Schneebesen einrühren, mit Salz, Pfeffer und Muskatnuss würzen und abschmecken.
4. In vorgewärmten Tellern oder Schalen anrichten und mit Minzekronen garniert
   servieren.

Käsesoufflé

Zutaten für 2 Portionen
*2 EL Butter • 2 EL Mehl • 125 ml Milch • 3 Eier • 100 g Käsereste • geriebene
Muskatnuss • Kümmel • Salz und weißer Pfeffer*

1. Butter in einem Topf schmelzen lassen, das Mehl kurz darin anschwitzen, die Milch
   mit einem Schneebesen einrühren und unter ständigem Rühren aufkochen lassen,
   bis die Sauce eine cremige Konsistenz hat, danach überkühlen lassen.
2. Die Eier trennen, die Eiklar zu steifem Schnee schlagen, die Eidotter und den geriebenen Käse nun in die Sauce einrühren, mit Muskat, Kümmel, Salz und weißem
   Pfeffer kräftig abschmecken.
3. Zum Schluss den Eischnee vorsichtig unterheben und die Masse in zwei gebutterte
   feuerfeste Förmchen füllen, im auf 200 °C vorgeheizten Backofen ca. 25 Minuten
   backen und mit Blattsalat servieren.

Erbsen-
cremesuppe
mit Minze

Käferbohnensalat mit Steirerkas*

Zutaten für 2 Portionen
SALAT: 100 g Ennstaler Steirerkas (oder Tiroler Graukäse) • 1 Zwiebel
• 1 EL fein geschnittene Petersilie • 150 g gekochte Käferbohnen
MARINADE: ½ EL Estragonsenf • 1 EL Apfelessig • 2 EL Kürbiskernöl
• ¹⁄₁₆ l Rindsuppe oder Wasser • Salz und Pfeffer

1. Den Steirerkas grob zerbröseln und in eine geeignete Schüssel geben, Zwiebel schälen, in dünne Ringe schneiden und zugeben, Petersilie und Käferbohnen hinzugeben und vermischen.
2. Senf, Essig, Öl, Suppe sowie (wenig) Salz und Pfeffer in einer Schüssel mit einem Schneebesen gut verrühren und über den Salat gießen, durchmischen und einige Zeit ziehen lassen, dann nochmals durchmischen und abschmecken.

* Der Steirerkas wird so wie Graukäse aus gesalzenem, gepfeffertem Magermilchtopfen gemacht, der in einen Behälter gestampft und während der Reifezeit mehrmals gewendet wird. Der fertige Käse ist klumpig-bröselig, je nach Reifezeit heller oder dunkler und blau/grau bis grünlich marmoriert.

Gemüsesalat mit Ei

Zutaten für 2–3 Portionen
SALAT: 1 Kohlrabi • 200 g Fisolen • ½ kleine Gurke • 1 Paradeiser • ½ kleine Zwiebel • 1–2 EL Mais aus der Dose • 4 Salatblätter • 2 hart gekochte Eier • MARINADE: 3 EL Balsamico-Essig • 4 EL Mayonnaise • Salz und Pfeffer

1. Kohlrabi schälen, in Würfel schneiden, Fisolen putzen und in kleine Stücke schneiden, Fisolen und Kohlrabi bissfest kochen und abschrecken.
2. Die Gurke und den Paradeiser in Würfel schneiden und salzen, die Zwiebel fein schneiden, alle Gemüsesorten gut vermischen.
3. Die Zutaten für die Marinade verrühren und mit dem Gemüse vermischen.
4. Den Gemüsesalat auf den gewaschenen, abgetropften Salatblättern anrichten und mit den geschälten, in Spalten geschnittenen Eiern garnieren.

Fleischstrudel mit Käse

Zutaten für ca. 4 Portionen
*1 rote Paprikaschote • 2 Stangen Staudensellerie • 1 Knoblauchzehe • 1 Zwiebel
• 2 EL Olivenöl • 250 g gemischtes Faschiertes • 1 EL Paradeisermark • Salz
und Pfeffer • 1 P. Strudelteig •* 150 g Käsereste *• 1 Ei zum Bestreichen*

1. Die Paprikaschote waschen, vierteln, Kerne entfernen und das Fruchtfleisch in kleine Würfel schneiden, Sellerie waschen und in 3 mm dünne Rinde schneiden, Knoblauch und Zwiebel schälen und klein schneiden.
2. Das Olivenöl in einer Pfanne leicht erwärmen, Gemüse zugeben und zum Dünsten auf die höchste Stufe schalten, das Faschierte zugeben, mit dem Gemüse vermischen und so lange unter ständigem Rühren braten, bis das Faschierte krümelig ist.
3. Paradeisermark einrühren und mit Salz und Pfeffer würzen, die Pfanne vom Herd nehmen und vollständig auskühlen lassen.
4. Den Strudelteig auf einem Tuch auflegen, den Käse grob reiben und gleichmäßig auf dem Teig verteilen, dann die Gemüse-Fleisch-Masse darauf verteilen.
5. Den Teig mithilfe des Tuches zusammenrollen und den Strudel auf ein mit Backpapier ausgelegtes Backblech legen, mit Ei bestreichen und im vorgeheizten Backofen bei 190 °C Umluft ca. 30 Minuten backen.

Nudel-Käse-Pfanne mit Zucchini

Zutaten für 2 Portionen
100 g Käse (gemischte Reste, am besten würzig) *• 1 mittelgroße Zucchini
• 1 Zweig Rosmarin • ½ Zwiebel • 1 EL Olivenöl • 1 kleine Knoblauchzehe
• 250 g gekochte Nudeln • 1 Prise Salz*

1. Den Käse in ca. 1 x 1 cm große Würfel schneiden, die Zucchini ebenfalls in kleine Würfel schneiden.
2. Vom Rosmarinzweig die Nadeln abzupfen und fein hacken, die fein gehackte Zwiebel in Olivenöl leicht bräunen, den gehackten Knoblauch und die Zucchiniwürfel zugeben, mit der Hälfte des Rosmarins würzen und das Gemüse goldgelb anbraten.
3. Nun die Nudeln und die Käsewürfel dazugeben, alles gut durchbraten und salzen (das Gericht ist fertig, wenn der Käse zu schmelzen beginnt).
4. Mit dem restlichen Rosmarin bestreut servieren.

Überbackenes Sennerbrot

Zutaten für 2 Portionen
½ EL Butter • 2 Scheiben Roggenvollkornbrot • 50 g Karreespeck • 50 g Steinpilze • 100 g Hartkäse • schwarzer Peffer • Schnittlauchröllchen zum Garnieren

1. Die Hälfte der Butter in einer geeigneten Pfanne schmelzen, Brotscheiben einlegen und auf einer Seite kurz braten, aus der Pfanne nehmen und mit der Butterseite nach oben auf einen Rost legen.
2. In dieselbe Pfanne die restliche Butter geben, Karreespeck in kleine Würfel schneiden, zur Butter geben und bei niedriger Hitze langsam braten.
3. Steinpilze putzen und in Stücke schneiden, Hitze erhöhen, Steinpilze zum Speck geben und kurz mitrösten, die Masse auf den gebratenen Brotscheiben verteilen.
4. Den Käse in Scheiben schneiden und darauflegen, den Rost in den vorgeheizten Backofen auf die oberste Schiene schieben und bei 200 °C so lange überbacken, bis der Käse schmilzt.
5. Brote aus dem Ofen nehmen, mit Schnittlauch bestreuen und servieren.

Käselaibchen mit Paradeisersalsa

Zutaten für 2 Portionen
4 gekochte Erdäpfel • 1 Ei • 100 g Käsereste • ca. 4–5 EL Mehl • geriebene Muskatnuss • Kümmel • Salz • 1 EL gehackte Petersilie • Butterschmalz zum Braten • PARADEISERSALSA: 2 Fleischparadeiser • 1 Schalotte • Saft und abgeriebene Schale von ½ Bio-Zitrone • 1 EL gehackte Petersilie • 1 EL Olivenöl • Salz

1. Für die Salsa die Fleischparadeiser in kleine Würfel schneiden und mit der fein geschnittenen Schalotte vermischen, Zitronensaft und -schale, Petersilie und Olivenöl dazugeben, mit Salz abschmecken mindestens eine halbe Stunde durchziehen lassen.
2. Für die Laibchen die Erdäpfel schälen, pressen und mit dem Ei, dem geriebenen Käse, dem Mehl, den Gewürzen und der Petersilie zu einer geschmeidigen Masse vermengen, aus der Masse Laibchen formen und in heißem Butterschmalz goldgelb braten, auf Küchenpapier abtropfen lassen.
3. Die Salsa auf 2 Tellern verteilen und die abgetropften Käselaibchen darauf anrichten.

Überbackenes
Sennerbrot

Haferflockenlaibchen mit Käse

Zutaten für 4 Portionen
250 QimiQ • 2 Eidotter • Salz und Pfeffer • Muskatnuss • 250 g Haferflocken • 150 g Käsereste • 1 EL fein geschnittene Petersilie • Butterschmalz zum Braten

1. In einer geeigneten Schüssel QimiQ und Eidotter glatt rühren, mit Salz, Pfeffer und Muskatnuss würzen, Haferflocken zugeben, untermischen und ca. 2 Stunden ziehen lassen.
2. Danach den geriebenen Käse sowie die Petersilie einarbeiten und aus der Masse kleine Laibchen formen.
3. Butterschmalz in einer beschichteten Pfanne erhitzen und darin die Laibchen bei mittlerer Hitze hellbraun braten, abtropfen lassen und mit einem Kräuter-Joghurt-Dip und Salat servieren.

Käsesauce zu rosa Schweinsfilet

Zutaten für 2 Portionen
ca. 300 g Schweinsfilet • Salz und Pfeffer • 2 EL Butterschmalz
SAUCE: • 125 ml Obers • 70 g Gorgonzola oder anderen Schimmelkäse • 2 EL trockener Weißwein • 1 TL Stärkemehl

1. Das Schweinsfilet mit wenig Salz und reichlich frisch gemahlenem Pfeffer würzen, im heißen Butterschmalz rasch rundherum anbraten, dann aus der Pfanne nehmen und auf dem Rost im auf 160 °C vorgeheizten Backofen 10–15 Minuten ziehen lassen (Backblech unterstellen).
2. In der Zwischenzeit das Fett aus der Bratpfanne abgießen, Obers in die Pfanne geben, den klein geschnittenen Schimmelkäse darin schmelzen lassen, den Weißwein mit dem Stärkemehl verrühren und in die Käsesauce geben, einmal kurz aufkochen lassen (die Konsistenz der Sauce kann je nach Wunsch durch Zugabe von Wasser geändert werden).
3. Das Filet aus dem Ofen nehmen, schräg in Scheiben schneiden und mit der Käsesauce anrichten.

Tipp: Wenn man mit dem Finger auf das Filet drückt, soll es sich so anfühlen, wie wenn man auf den Daumenballen drückt, dann ist es innen noch zart rosa. Als Beilage zum Filet Bandnudeln oder Reis reichen.

Eiweißkuchen

Zutaten für 1 Kastenform (ca. 10 Stück)
6 Eiklar • 200 g Zucker • ½ TL Backpulver • 120 g Mehl • 100 g zerlassene Butter • Saft und abgeriebene Schale einer Bio-Zitrone

1. Aus den Eiklar sehr steifen Schnee schlagen, den Zucker nach und nach beifügen.
2. Dann das mit Backpulver vermischte Mehl, die zerlassene Butter, Zitronenschale und -saft unterheben.
3. Den Teig in eine befettete Kastenform füllen und im vorgeheizten Backofen bei 175 °C ca. 45 Minuten backen.

„Pinzgauer Senninhupfa"

Zutaten für ca. 20 Stück
2 Eier • 120 g Zucker • 1 Schuss Rum • 1 Prise Salz • 300 g Mehl • 1 P. Backpulver • 100 ml Obers oder Milch • reichlich Öl oder Fett zum Ausbacken

1. Die Eier und den Zucker schaumig rühren, Rum und Salz unterrühren.
2. Das Mehl mit dem Backpulver vermischen, dann mit dem Obers unter den Teig heben (der Teig soll mittelfest sein).
3. Aus dem Teig mit einem Teelöffel kleine Kugeln ausstechen, diese im heißen Öl oder Fett (ca. 180 °C) goldbraun ausbacken.

Wie schon in der Einleitung erwähnt, bleiben beim Kuchen- oder Krapfenbacken oft Eiklar übrig. Hier noch einige Tipps, was man daraus machen kann:

PIKANTE SUPPENEINLAGE: 2 Eiklar mit 1 Prise Salz verquirlen, mit etwa 100 g klein geschnittenem Schinken und fein gehackter Petersilie vermischen, 1 EL Öl in einer Pfanne erhitzen, die Masse eingießen, wie ein Omelett auf beiden Seiten braten, dann in Streifen oder Würfel schneiden und in heißer Suppe servieren.

EIWEISS-ZWIEBACK: 4 Eiklar steif schlagen, 100 g Staubzucker, 1 P. Vanillezucker, 50 g Mandelstifte (oder gehackte Haselnüsse, Walnüsse, Kürbiskerne) unterrühren, dann 80 g zerlassene Butter sowie 120 g glattes Mehl zugeben und gut vermengen, aus der Masse eine Rolle formen, diese im auf 180 °C vorgeheizten Backofen ca. 25 Minuten backen, danach in Scheiben schneiden und nochmals 10 Minuten bei 150 °C backen.

Eiweiß-
kuchen

Süße Reste: Obst, Biskuit, Kekse, Schokolade ...

Clafoutis
S. 120

Wenn in der Obstschale nur mehr vereinzelte Früchte liegen, die noch dazu nicht mehr ganz faltenfrei sind (z. B. alte Äpfel), kann man diese noch bedenkenlos verwenden, zum Beispiel für ein Apfelmus, Apfelkompott oder Apfelkuchen. Auch übrig gebliebene Kuchen, Kekse, Schokolade usw. sind perfekte Reste-Zutaten.

Generell finden **Obstreste** in Obstkuchen, Muffins, Rouladen, in süßen Aufläufen oder als Strudelfülle usw. Verwendung. Auch kleine Mengen (verschiedener oder gleicher) Früchte können zu köstlichen Desserts, Fruchtsaucen, Fruchtshakes u. v. m. verarbeitet werden. Bei Kindern sehr beliebt sind **Smoothies**, wofür sich nicht mehr so ansehnliches Obst (und natürlich auch Gemüse) sehr gut eignet. Sogar **Schalen** von Bio-Äpfel und -Birnen, aber auch von Zitronen oder Orangen müssen nicht weggeworfen werden, sondern ergeben getrocknet einen wundervollen Tee. Zitronen- und Orangenschalen kann man fein abreiben, mit Zucker vermischen und in kleinen, gut verschließbaren Plastikbehältern im Kühlschrank aufbewahren (hält sich bis zu zwei Wochen).

Zu Ostern, zum Nikolaus oder zu Weihnachten werden Kinder und Erwachsene oft allzu reich mit **Schokoladefiguren** beschenkt. Schokoladeosterhasen, - Nikoläuse, Christbaumbehänge usw. aber keinesfalls wegwerfen, zumal Schokolade (ohne Füllung) eigentlich gar nicht schlecht werden kann. Weißer Belag auf Schokolade ist ein Hinweis, dass sie zu warm gelagert wurde, sie kann aber auf jeden Fall noch verwendet werden. Und zwar auf vielfältige Weise, z. B. gerieben zum Bestreuen von Desserts, in kleinen Stückchen zur Verfeinerung von Schokoladepudding oder Kakao, geschmolzen und mit Cornflakes vermischt werden Knusperkekse daraus oder man verwendet sie als Glasur für Kuchen und Torten. Weiters können fein gehackte oder geriebene Schokoladereste unter verschiedene Teige gemengt und so zu neuen Mehlspeisen verarbeitet werden.

Gerade nach Fest- und Feiertagen fallen oft **Kuchen- und Biskuitreste** an. Und nach Weihnachten will keiner mehr etwas von übrig gebliebenen **Weihnachtsstollen, Lebkuchen und Keksen** hören. Bloß nicht wegwerfen – daraus zaubern Sie im Handumdrehen neue Köstlichkeiten wie Parfaits, Knödel, neue Kuchen oder feine Desserts, nicht zu vergessen natürlich die berühmten Punschkrapferln, die angeblich eigens zur Resteverwertung erfunden wurden! **Einfach & gut:** Kuchen- oder Biskuitreste zerbröseln, mit Orangensaft, Rum und zerlassener Schokolade vermischen, Kugerln formen und diese in Kokosflocken wälzen.

Clafoutis

Zutaten für 2 kleine Dessertportionen

1 Ei • 2 EL zerlassene Butter • 2 EL Zucker • 5 EL Milch • 1 P. Vanillezucker • 1 Prise Backpulver • 3 EL Mehl • 200 g gemischte Obstreste (Apfel, Beeren, Kirschen ... was eben da ist) • Butter für die Form

1. Das Ei mit der Butter, 1,5 EL Zucker, der Milch und dem Vanillezucker mixen, das mit Backpulver vermischte Mehl unterheben.
2. Das Obst (je nach Sorte schälen oder nicht, ganz belassen oder klein schneiden) mit dem restlichen Zucker vermischen und in zwei kleine gebutterte Auflaufförmchen oder hitzebeständige Gläser geben, das Obst mit der Eiermasse bedecken und im auf 180 °C vorgeheizten Backofen ca. 35 Minuten backen.

Rezeptfoto S. 118

Roulade für alle

Zutaten für eine Roulade

4 Eier • 4 EL Wasser • 160 g Zucker • 140 g Mehl • 1 TL Backpulver • 20 g Kakaopulver • 250 ml Obers • 1 P. Vanillezucker • 1 Banane, eine Handvoll Kirschen, eine Handvoll Heidelbeeren (oder anderes Obst ganz nach persönlichen Vorlieben)

1. Die ganzen Eier mit Wasser und Zucker sehr schaumig schlagen, Mehl mit Backpulver und Kakao versieben und unterheben, ein Backblech mit Backpapier auslegen und die Masse aufstreichen, im auf 200 °C vorgeheizten Backofen 10 Minuten backen.
2. Das Biskuit aus dem Ofen nehmen, auf einen Bogen Backpapier stürzen und das mitgebackene Papier entfernen, Biskuit sofort mit dem Backpapier einrollen.
3. Nach dem Auskühlen die Roulade wieder aufrollen, das Obers mit Vanillezucker steif schlagen, das Biskuit streifenweise abwechselnd mit den verschiedenen Früchten belegen, Schlagobers daraufstreichen und wieder einrollen.

Überraschungskuchen

Zutaten für 1 Kastenform (ca. 10–12 Stk.)
150 g Butter • 150 g Zucker • 1 P. Vanillezucker • 3 Eier • 200 g Mehl • 70 g Speisestärke • 1 P. Backpulver • 100 g gehackte Haselnüsse • 100 g Schokoladereste (Osterhase, Nikolaus ...)

1. Die Butter mit dem Zucker und dem Vanillezucker schaumig schlagen, nach und nach die ganzen Eier unterrühren, Mehl mit Speisestärke, Backpulver und Nüssen vermengen und vorsichtig unter die Eiermasse heben.
2. Etwa die Hälfte des Teiges in eine gefettete Kuchenform füllen, die Schokolade in großen Stücken darauf verteilen und mit dem restlichen Teig bedecken, den Kuchen bei 180 °C ca. 45 Minuten backen.

Schokoladekegel

Zutaten für 10–12 Stück
250 ml Obers • 100 g Schokolade • 100 g dunkle Biskuitbrösel • 10–12 runde Schokoladekekse • 1 Becher Schokoladeglasur

1. Das Obers mit der Schokolade aufkochen und über Nacht auskühlen lassen, am nächsten Tag diese Masse schaumig aufschlagen und halbieren.
2. Eine Hälfte mit den Biskuitbröseln vermischen und auf die Kekse streichen, die andere Hälfte der Masse darauf in Kegelform aufdressieren, die Kegel in die geschmolzene Kuchenglasur tunken und auf einem Rost fest werden lassen.

Schokoladecreme

Zutaten für 2 Portionen
2 Eiklar • 1 Prise Salz • 80 g Milchschokoladereste • 60 g Bitterschokoladereste • etwas Vanillezucker • 2 EL Topfen (nach Geschmack mehr)

1. Eiklar mit dem Salz steif schlagen, die geschmolzene Schokolade und den Vanillezucker unterheben.
2. Den Topfen dazugeben, gut verrühren, die Creme in 2 Schalen anrichten, für 2 Stunden in den Kühlschrank stellen, mit Beeren dekoriert servieren.

Brotpfanne mit Zwetschken

Zutaten pro Portion
1 alte Semmel • 5–6 EL Milch • 5 Zwetschken (oder 1 Apfel oder anderes Obst nach Saison und Belieben) • 1 EL Butter • 1 TL Rosinen (kann man auch weglassen) • Zucker und Zimt nach Geschmack

1. Die alte Semmel in größere Würfel schneiden und mit Milch befeuchten, Zwetschken oder Apfel entkernen und mit der eingeweichten Semmel in Butter braten.
2. Nach Geschmack mit Rosinen verfeinern, mit Zucker und eventuell Zimt bestreuen.

Obstmus

Zutaten für 200–300 ml
150–200 g Obst • 125 ml Wasser • 1 EL Zucker

1. Das Obst mit Wasser und Zucker weich kochen, mit dem Mixstab pürieren oder durch ein Sieb streichen (besonders bei Himbeeren und Brombeeren empfehlenswert, da die Samenkörner stören könnten).
2. Das Mus auskühlen lassen und in Schalen zu Schmarren, Aufläufen oder Kuchen servieren.

Obströster

Zutaten für ca. 200–300 ml
150–200 g Obst (z. B. Holunderbeeren und Zwetschken, Marillen, Pflaumen ...) • 125 ml Wasser • 1 EL Zucker • Zimtrinde, Gewürznelken

1. Das verlesene bzw. entkernte und geputzte Obst mit Wasser, Zucker und Gewürzen weich kochen und am besten lauwarm zu Eis oder zu Schmarren servieren.

Brotpfanne
mit
Zwetschken

Apfelauflauf mit Mandeldecke

Zutaten für 2 Dessert-Portionen
2 Äpfel (wenn möglich säuerlich) • Saft von ½ Zitrone • 2 cl Rum oder
Apfelschnaps • 40 g Butter • 70 g Staubzucker • 80 g geriebene Mandeln
• Butter für eine Springform

1. Äpfel waschen, schälen, achteln und das Kerngehäuse entfernen, zwei kleine Auflaufförmchen mit Butter auspinseln und die Äpfel wie Dachziegel einschichten, mit
   Zitronensaft und Rum beträufeln.
2. Butter schaumig schlagen, Staubzucker löffelweise zugeben und danach die Mandeln untermischen.
3. Die Masse auf den Äpfeln verteilen und den Auflauf im vorgeheizten Backofen bei
   180 °C ca. 15 Minuten backen, aus dem Ofen nehmen und am besten warm mit
   Zimt-Schlagobers oder Vanilleeis servieren.

Schneller Obstkuchen

Zutaten für 1 kleinen Kuchen (20 cm Durchmesser, ca. 8 Stück)
3 Eier • 2 EL Öl • ½ P. Backpulver • 1 P. Vanillezucker • 4 EL Zucker • 5 EL
Mehl • *150 g Obst (Beeren, Äpfel, Birnen, Zwetschken….)*

1. Alle Zutaten bis auf das Obst kurz durchmixen, in eine kleine Tortenform füllen,
   mit dem je nach Sorte geschälten bzw. entkernten, klein geschnittenen oder ganz
   belassenen Obst belegen und bei 180 °C ca. 30 Minuten backen.

Obstreis

Zutaten für 2–3 Portionen
3 Äpfel oder 10 Zwetschken oder anderes Obst • 1 EL Butter • 2 EL Zucker
• 1 TL Zimt • 300 g gekochter Reis

1. Obst je nach Sorte schälen bzw. entkernen und in Stücke schneiden, Butter in einer
   Pfanne schmelzen, Obst, Zucker und Zimt zugeben und gut verrühren.
2. Sobald sich der Zucker aufgelöst hat, den gekochten Reis dazugeben, alles zusammen 5 Minuten erhitzen und servieren.

Apfel-
auflauf mit
Mandeldecke

Schokostrudel

Zutaten für 1 Strudel
STRUDELTEIG: 120 g Mehl • Salz • ¹⁄₁₆ l Wasser • 1 TL Öl • zerlassene Butter zum Bestreichen • FÜLLE: 3 Eidotter • 60 g Zucker • 3 Eiklar • 150 g fein gehackte Schokolade (z. B. Reste vom Christbaumbehang, Osterhasen, Nikolaus etc.) • 60 g geriebene Mandeln

1. Aus den Zutaten für den Strudelteig einen glatten Teig kneten und in Klarsichtfolie einschlagen, 30 Minuten kühl rasten lassen.
2. Für die Fülle Eidotter und Zucker schaumig rühren, Eiklar zu steifem Schnee schlagen und diesen unter die Dottermasse heben.
3. Strudelteig auf einem bemehltem Tuch ausziehen und mit zerlassener Butter bestreichen, Eiermasse auf zwei Drittel des Teiges auftragen, mit den Schokoladestücken und Mandeln bestreuen.
4. Ränder einschlagen und Strudel mit Hilfe des Tuches locker einrollen, Strudel auf ein befettetes Blech legen, mit Butter bestreichen und goldgelb backen.

Topfen-Fruchtstrudel

Zutaten für 1 Strudel
1 P. Blätterteig • 250 g Topfen • 1 Ei • 4 EL Zucker • 1 P. Vanillezucker • 150 g Marillen, Himbeeren, Heidelbeeren oder andere Obstreste

1. Den Blätterteig ausrollen, den Topfen mit dem Ei, 3 EL Zucker und dem Vanillezucker verrühren.
2. Das Obst je nach Sorte verlesen bzw. schälen und/oder klein schneiden, die Topfenfülle auf einer Hälfte längs des Strudelteiges aufstreichen, dabei ca. 3 cm Rand lassen.
3. Auf dem Topfen die Früchte verteilen und mit dem restlichen Zucker bestreuen, den Teig über der Fülle zusammenschlagen und die Enden gut verschließen, den Strudel mit Wasser bepinseln und im vorgeheizten Backofen bei 220 °C ca. 30 Minuten goldbraun backen.

Schoko-
strudel

Topfen-Auflauf mit Keksen

Zutaten für 3–4 Portionen
2 Eier • 80 g Zucker • 1 P. Vanillezucker • 250 g Topfen • 1 Apfel • 150 g Keks-oder Lebkuchenreste • 1 EL Butter

1. Die Eier mit Zucker und Vanillezucker schaumig rühren, den Topfen unterrühren, den Apfel schälen, vom Kerngehäuse befreien und kleinwürfelig schneiden.
2. Die Keks- oder Lebkuchenreste in einem Plastiksackerl mithilfe des Nudelholzes zerkleinern und mit den Apfelwürfeln unter die Topfenmasse heben.
3. In eine gebutterte Auflaufform füllen und im vorgeheizten Backofen bei 200 °C ca. 30 Minuten backen.

Apfelstrudel mit Lebkuchen

Zutaten für 1 Strudel
TEIG: 120 g Mehl • Salz • ¹⁄₁₆ l Wasser • 1 TL Öl • FÜLLE: 5 Äpfel • 2 EL Butter • 50 g Zucker • 100 g Lebkuchen • Zimt • evtl. 2 EL Rosinen

1. Alle Zutaten für den Teig glatt verkneten und den Teig in Klarsichtfolie einschlagen, 30 Minuten rasten lassen.
2. Die Äpfel schälen und blättrig schneiden, den Strudelteig auf einem bemehlten Tuch ausziehen, mit zerlassener Butter bestreichen, ein Drittel des Teiges mit Äpfeln bedecken, zuckern, den geriebenen Lebkuchen darüber verteilen, mit etwas Zimt und nach Wunsch mit Rosinen bestreuen.
3. Den Strudel einrollen, in eine gebutterte Auflaufform oder auf ein mit Backpapier ausgelegtes Backblech legen und im vorgeheizten Backofen bei 200 °C ca. 45 Minuten backen.

Topfen-
Auflauf mit
Keksen

„Schneegestöber"

Zutaten für 4 Portionen
300 ml Obers • 2 P. Sahnesteif • 300 ml Vanillejoghurt • 300 g Physalis
• 60 g Baiserreste (z. B. Windringe oder Bruch vom Christbaum)

1. Obers mit Sahnesteif steif schlagen und mit dem Vanillejoghurt vorsichtig vermischen.
2. Von den Physalis 4 Stück mit Blütenhülle zum Garnieren beiseitelegen, die restlichen Früchte aus der Hülle lösen und halbieren, ⅔ davon pürieren und die restlichen halbierten Früchte untermischen.
3. Baiser (Windringe) grob zerbröseln, die Obers-Vanillejoghurt-Mischung, die Physalis-Fruchtsauce und die Baiserbrösel abwechselnd in Gläser schichten und für 30 Minuten in den Kühlschrank stellen.
4. Vor dem Servieren mit den beiseitegelegten Früchten dekorieren.

Tipp: Anstatt Physalis kann man auch andere Früchte wie Marillen oder beliebige Beeren verwenden, auch Kompottfrüchte eignen sich.

Weihnachtsstollen-Reste-Kuchen mit Schokolade

Zutaten für 1 kleine Kastenform (ca. 8 Stück)
170 g Weihnachtsstollen • 50 g dunkle Schokolade • 50 g Milchschokolade
(z. B. Nikolaus, Christbaumbehang) • 3 Eier • 350 ml Milch • 15 g Kristall-
zucker • Butter für die Form

1. Weihnachtsstollen in Würfel schneiden oder klein zerreißen, die Schokolade grob reiben oder fein hacken.
2. Eier trennen, Eidotter mit Milch und Kristallzucker gut verrühren, über den Stollen geben, die Masse durchkneten und 20 Minuten ziehen lassen.
3. Eiklar zu steifem Schnee schlagen, die Stollen-Masse nochmals durchmischen, Schokolade untermischen und zuletzt den Eischnee unterheben.
4. Masse in die ausgebutterte Form füllen, glatt streichen und im vorgeheizten Backofen bei 180 °C ca. 25 Minuten backen.

,,Schnee-
gestöber''

Lebkuchenknödel

Zutaten für 4 Portionen
150 g Lebkuchenreste • *abgeriebene Schale von 1 Orange (unbehandelt)*
• *250 ml Milch* • *1 TL Lebkuchengewürz* • *1 P. Vanillezucker* • *Salz*
• *70 g Weizengrieß* • *50 g Butter* • *1 Ei* • *Kristallzucker für das Kochwasser*
• *Lebkuchenbrösel zum Wälzen*

1. Den Lebkuchen klein schneiden oder fein in eine geeignete Schüssel reiben, Orangenschalen dazugeben und vermischen.
2. Die Milch mit Lebkuchengewürz, Vanillezucker und einer Prise Salz in einer Kasserolle zum Kochen bringen, Grieß einrühren und zu einem dicken Brei kochen, immer wieder mit dem Schneebesen umrühren, damit keine Klumpen entstehen.
3. Vom Herd nehmen, Butter einarbeiten, die Masse zum Lebkuchen geben, vermischen und vollständig auskühlen lassen, danach das Ei einarbeiten und kurz rasten lassen.
4. Reichlich Wasser mit 1 EL Kristallzucker zum Kochen bringen, mit nassen Händen aus der Masse 12 kleine Knödel formen, ins kochende Wasser geben, warten, bis sie an die Oberfläche steigen, danach ca. 10 Minuten ziehen lassen.
5. Mit einem Schaumlöffel die Knödel aus dem Wasser heben, abtropfen lassen, in Lebkuchenbröseln wälzen und auf vorgewärmten Tellern anrichten.

Tipp: Dazu passt Holler-, Zwetschken- oder Marillenröster gut.

Grießkoch mit Lebkuchenkrümeln

Zutaten für 2 Portionen
500 ml Milch • *1 Prise Salz* • *3 EL Grieß* • *2 EL Zucker* • *2 EL zerkrümelter Lebkuchen mit Schokoladeüberzug*

1. Die Milch salzen und aufkochen lassen, den Grieß und den Zucker hinzufügen und unter ständigem Rühren mit einem Schneebesen einige Minuten köcheln lassen.
2. Auf Tellern anrichten und mit dem zerkrümelten Schokoladelebkuchen bestreuen.

Lebkuchen-
knödel

Äpfel-Vanille-Schlupfer

Zutaten für 4 Portionen
*100 g Weihnachtskekse (Vanillekipferln, Linzer Augen oder Zimtsterne,
kann auch Bruch sein) • 150 g weich gedünstete Apfelspalten (ohne Saft)
SAUCE: ½ P. Vanillepuddingpulver • 250 ml Milch • Vanillezucker nach
Geschmack • 125 ml Obers • 1 Eidotter • Zimtzucker zum Bestreuen*

1. Die Kekse etwas zerkleinern und in hitzebeständigen Schälchen oder Förmchen verteilen.
2. Für die Sauce das Puddingpulver mit einem kleinen Teil der Milch verrühren, die restliche Milch mit Vanillezucker nach Geschmack aufkochen lassen, das Pudding-pulver-Milchgemisch einrühren und verkochen lassen, Obers und Eidotter in die heiße Creme rühren, von der Kochstelle nehmen.
3. Die weich gedünsteten Apfelspalten auf die Kekse geben und mit der Vanillesauce bedecken.
4. Im vorgeheizten Backofen bei 180 °C 10–12 Minuten backen, aus dem Ofen neh-men, mit Zimtzucker bestreuen und servieren.

Spekulatius-Parfait

Zutaten für 4 Portionen
*2 Eidotter • 50 g Kristallzucker • Mark von ½ Vanilleschote • 50 ml Apfel-saft • 80 g Spekulatius-Kekse • 200 ml Obers • 40 g weiße Schokoladereste
• 1 Sternfrucht*

1. Tassen, Schalen oder Timbalformen kalt stellen.
2. Eidotter, Kristallzucker, Vanillemark und Apfelsaft in einem Schneekessel verrüh-ren und in einem heißen Wasserbad so lange schlagen, bis die Masse hellgelb und cremig ist, anschließend in einem Eiswasserbad kalt schlagen.
3. Spekulatius zerbröseln und untermischen, Obers steif schlagen und unterheben, die grob geriebene Schokolade ebenfalls unterheben.
4. Die Masse in die Formen füllen und über Nacht in den Gefrierschrank stellen.
5. Vor dem Servieren die Förmchen kurz in heißes Wasser tauchen, auf Teller stürzen und mit der in Scheiben geschnittenen Sternfrucht garniert anrichten.

Äpfel-
Vanille-
Schlupfer

Krapfen-Serviettenknödel

Zutaten für ca. 3–4 Portionen
4 Krapfen vom Vortag oder älter • *abgeriebene Schale von ½ Orange und ½ Zitrone (unbehandelt)* • *ca. 80 ml Milch* • *1 Ei* • *1 EL Kristallzucker* • *etwas Salz und Zimtpulver*

1. Die Krapfen in grobe Stücke reißen und in eine geeignete Schüssel geben, abgeriebene Orangen- und Zitronenschale darüberstreuen.
2. Milch, Ei, Kristallzucker und Gewürze verrühren und darübergießen, alles am besten mit der Hand vermischen und etwas ziehen lassen, bei Bedarf etwas Milch dazugeben.
3. Eine Stoffserviette unter fließendes Wasser halten, auswinden und auf der Arbeitsfläche auflegen, die Masse am Rand der Serviette längs verteilen und mit der Serviette zu einer Rolle formen, die Enden mit Küchenspagat verschließen.
4. Reichlich leicht gezuckertes Wasser zum Kochen bringen, die Rolle einlegen, aufkochen lassen und danach bei mittlerer Hitze 30 Minuten köcheln lassen.
5. Serviettenknödel aus dem Wasser nehmen und auf einem Geschirrtuch abtropfen lassen, aus der Serviette ausrollen und in gewünschte Portionen schneiden.

Tipp: Dazu schmeckt Vanillesauce oder Obstmus gut.

Lebkuchentorte

Zutaten für 1 Torte (Durchmesser 26 cm, ca. 12 Stück)
6 Blatt Gelatine • *200 g Lebkuchenabschnitte oder -bruch* • *100 g Butter* • *100 g Honiglebkuchen* • *500 g Topfen (20 % F. i. Tr.)* • *150 g Joghurt* • *1 Tasse kalter Espresso* • *3 EL Kristallzucker* • *500 ml Obers* • *Zimt zum Bestreuen* • *Lebkuchensterne zum Verzieren*

1. Gelatine in kaltem Wasser einweichen, Lebkuchenabschnitte oder -bruch fein zerbröseln oder fein reiben, Butter schmelzen, alles gut vermischen, in eine Springform füllen und flach drücken, danach kalt stellen, den Honiglebkuchen in kleine Würfel schneiden.
2. Topfen, Joghurt, Espresso und Kristallzucker gut verrühren, Obers steif schlagen.
3. Gelatine gut ausdrücken, auflösen, unter die Topfenmasse ziehen, Schlagobers und Honiglebkuchen unterheben, Masse auf den Lebkuchenboden füllen, glatt streichen.
4. Die Torte über Nacht im Kühlschrank fest werden lassen, mit Zimt (mit Hilfe von Schablonen) bestreuen und danach nach Belieben mit Lebkuchensternen verzieren.

Krapfen-
Servietten-
knödel

Haltbar machen statt wegwerfen

Obst und Gemüse, die gerade in zu großer Fülle vorhanden sind, um sie frisch zu genießen oder zu verkochen, sollten auf jeden Fall haltbar gemacht werden. Marmelade, Kompott, Rumtopf usw. oder sauer bzw. in Öl eingelegtes Gemüse erfreuen im Winter die Familie und sind außerdem perfekte persönliche Mitbringsel.

Kleinere Mengen Obst, bei denen sich das Einkochen nicht lohnen würde, am besten einfrieren und dann mit anderen Früchten, die später reifen, verarbeiten. Auch Gemüse kann nach kurzem Blanchieren eingefroren werden, oder man legt es ein, bevor es verdirbt (z. B. gibt es Knoblauch im Supermarkt meist nur in Netzen mit mehreren Knollen; bis diese Menge aufgebraucht ist, sind oft die letzten Knollen verdorben. Deshalb den Knoblauch ganz einfach durchpressen oder fein hacken, in ein sauberes Schraubglas füllen und mit Öl bedecken, so ist er im Kühlschrank 3 Monate haltbar).

Einfach & gut: Suppenwürze aus rohen Gemüseresten (Karotten, Sellerie, Liebstöckel, Petersilienwurzel etc. fein faschieren und mit Salz vermischen, diese Masse auf einem geölten Backblech verteilen und im leicht geöffneten Backofen bei 60 °C einige Stunden trocknen, in Gläser füllen und verschließen). **Knabberchips** aus Obst und Gemüse – eine absolut gesunde Alternative zu herkömmlichen Chips (Obst bzw. Gemüse in feine Scheiben hobeln und im Dörrapparat oder bei 60 °C im leicht geöffneten Backofen einige Stunden trocknen).

Wir bringen auf den folgenden Seiten nur einige wenige Beispiele zum Haltbarmachen. Viele Tipps und Rezepte zum Einkochen finden Sie im „Bäuerinnen-Einkochbuch" (siehe Buchtipp auf S. 144).

Rumfrüchte

Zutaten für ca. 3 Gläser à 250 ml
500 g gemischte frische Früchte • 250 ml Rum • 3–4 EL Zucker • evtl. Zimtrinde oder Nelken

Rezeptfoto S. 138

---

1. Das Obst waschen und von Kernen befreien, in saubere Gläser füllen und mit Zucker und eventuell Zimt oder Nelken verfeinern.
2. Mit Rum auffüllen und vor dem Verzehr mindestens 2 Wochen durchziehen lassen.

Tipp: Wer einen großen, glasierten Rumtopf aus Ton besitzt, kann diesen nach und nach füllen: Immer, wenn wieder andere Obstsorten reif werden, diese nachfüllen und mit Rum und Zucker aufgießen.

Apfelmus

Zutaten für ca. 8 Gläser à 250 ml
2 kg Äpfel • 250 ml Wasser • etwas Zitronensaft • ca. 200 g Zucker (richtet sich nach persönlichem Geschmack bzw. nach der Säure der Äpfel) • 2 Zimtstangen

1. Die Äpfel gut waschen und vierteln (man kann die Äpfel ruhig ungeschält lassen, die Farbe wird allerdings durch die Schale meist etwas dunkler).
2. Dann zusammen mit Wasser, Zitronensaft und Zucker zum Kochen bringen, die Zimtstangen zugeben und die Äpfel weich kochen, Zimtstangen herausnehmen und die Äpfel durch die Flotte Lotte passieren.
3. Das Apfelmus in Schraubverschluss- oder Rexgläser füllen und ca. 30 Minuten bei 90 C° einkochen.

Tipp: Besonders Frühäpfel, die schnell verderben, kann man auf diese Art gut verwerten.

Zwetschkenröster

Zutaten für ca. 6 Gläser à 250 ml
1 kg Zwetschken • 500 ml Wasser • 100 g Zucker • Zimtrinde • Gewürznelken

1. Die entkernten Zwetschken mit Wasser, Zucker und Gewürzen weich kochen und heiß in sterilisierte Rexgläser füllen (darauf achten, dass die Gläser ganz voll sind).
2. Die Gläser in einen Kochtopf stellen und so viel Wasser einfüllen, dass die Gläser zu ¾ im Wasser stehen.
3. Das Wasser zum Kochen bringen und 20 Minuten einkochen (ab Siedebeginn).

Tipp: Die so konservierten Gläser halten bis zu einem Jahr. Zwetschkenröster schmeckt zu diversen süßen Mehlspeisen oder zu Eis, Joghurt usw.

Tipp: Ganz nach persönlichem Geschmack kann man aus unzähligen Obstsorten Fruchtaufstriche, Konfitüren oder Marmeladen, Kompotte usw. herstellen. Sehr gut schmecken auch Mischungen aus zwei oder mehreren Obstsorten. Viele Rezepte dazu finden Sie im „Bäuerinnen-Einkochbuch" (siehe Buchtipp auf S. 144).

Apfelmus &
Zwetschken-
röster

Eingelegtes Gemüse

Zutaten für ca. 10 Gläser à 250 ml
200 ml Apfelessig • 250 ml Wasser • 250 ml Apfelsaft • 3 EL Zucker • 2 TL Salz • 2 TL Curry • Dill • Piment • Senf- und Pfefferkörner nach Geschmack • 1 rote Paprikaschote (oder 2 Karotten) • 1 kg Zucchini • 1 Zwiebel

1. Essig, Wasser, Apfelsaft, Zucker und Gewürze aufkochen, Gemüse waschen, putzen bzw. schälen und in Stifte oder Scheiben schneiden.
2. Karotten und Zwiebel kurz im Sud mitkochen, Zucchini und Paprika dazugeben und nochmals aufkochen.
3. Noch heiß in saubere Gläser füllen und gut verschließen.

Tipp: Auch hier gilt: Fast jede Gemüsesorte eignet sich zum Haltbarmachen. Viele Rezepte finden Sie im „Bäuerinnen-Einkochbuch" (siehe Buchtipp auf S. 144).

Kräuterpaste

Zutaten für 1 kleines Glas
2 Handvoll frische gemischte Kräuter (Petersilie, Basilikum, Thymian, Wildkräuter ...) • 6 EL Olivenöl • Saft und abgeriebene Schale von 1 Zitrone (unbehandelt) • 1 Knoblauchzehe oder 1 Stück Ingwer • Salz • eventuell etwas Chilipulver

1. Die Kräuter grob hacken und mit dem Öl und den Gewürzen zu einer Paste mixen, diese in ein sterilisiertes Glas einfüllen und gut verschließen.

Tipp: Die Paste hält sich im Kühlschrank bis zu zwei Wochen, man sollte aber darauf achten, dass sie immer mit Öl bedeckt ist. Die Paste verfeinert Topfenaufstriche, Salatdressings, Nudeln, Suppen ...

ESSIG –
GEMÜSE

Eingelegtes
Gemüse

Aus unserem Programm

ISBN 978-3-7020-1411-7

ISBN 978-3-7020-1470-4

ISBN 978-3-7020-1217-5

ISBN 978-3-7020-1252-6

Leopold Stocker Verlag
www.stocker-verlag.com
Graz – Stuttgart